2017년
중국어문학 연감

차 례

필자 이름 순 논문 목록

1

Cai Xiangli · 郭途炫　　從語法化看夏合動趨結构的性質 - 兼談對應的
　　　　　　　　　　韓語表達, 『中國言語硏究』, 第70輯, 서울, 韓國中國言
　　　　　　　　　　語學會, 2017年 6月

Cheng Weiwei　『四世同堂』에 나타난 현대중국어 결과보어 연구, 인천대
　　　　　　　　대학원 석사 논문, 2016

DONG CONG　산동 방언 화자의 표준중국어 비운모에 관한 실험음성학
　　　　　　　적 연구, 이화여대 대학원 석사 논문, 2016

GUO XINGYAN　構式"NP+容易/難+V"的句法和語義硏究, 『中國語 敎育
　　　　　　　과 硏究』, 第25號, 서울, 韓國中國語敎育學會, 2017年
　　　　　　　6月

Jia BoSen　루쉰(魯迅)의 「광인일기(狂人日記)」 영어 번역본 및 한국
　　　　　　어 번역본의 비교 연구, 충북대 대학원 석사 논문, 2016

Jiang Meng · 최재영　　情態助動詞"難"的語法化硏究, 『中國言語硏究
　　　　　　　　　　』, 第72輯, 서울, 韓國中國言語學會, 2017年 10月

LI TAO　　≪剪燈新話≫與≪金鰲新話≫叙事比較硏究, 『中國語文
　　　　　學』, 第76輯, 대구, 嶺南中國語文學會, 2017年 12月

LIU CHANG　借≪杜律啓蒙≫對邊連寶批 "神韻說"之因再剖析, 『中
　　　　　　國文學』, 第92輯, 서울, 韓國中國語文學會, 2017年 8月

LIU YAFEI　'會'와 중국어 습관상 범주에 관한 연구, 『中國言語硏究』,
　　　　　　第70輯, 서울, 韓國中國言語學會, 2017年 6月

Liu Ying　중국의 뤄츠(裸辭)에 관한 탐색적 연구 : 중국 쑤저우(蘇
　　　　　州) 지역을 중심으로, 세종대 대학원 석사 논문, 2016

Liu Zhen　『紅樓夢』의 詩化에 대한 연구, 중앙대 대학원 석사 논문,
　　　　　2016

Liu Zhen · 이석형　　　試論《莊子》之"眞"的評判標準,『中國語文學』,
　　　　　第76輯, 대구, 嶺南中國語文學會, 2017年 12月
LU MENG · 박홍수　　　從"X狗"看"狗"的類詞綴化傾向, 『中國學硏究』,
　　　　　第79輯, 서울, 中國學硏究會, 2017年 3月
LU TANSHENG　　　中·韓殘疾人疏離意識的比較硏究,『中國學硏究』, 第
　　　　　80輯, 서울, 中國學硏究會, 2017年 6月
Piao Hongying · 정진강　　模因論視野下漢語會話課敎學的思考與探索,『
　　　　　中國語文論譯叢刊』, 第40輯, 서울, 中國語文論譯學會,
　　　　　2017年 1月
Qiu Chong　　　現代漢語話語標記"行了",『中國言語硏究』, 第70輯, 서
　　　　　울, 韓國中國言語學會, 2017年 6月
SHAOMENG SONG　　　現代漢語副詞和句尾"了"共現的條件及限制, 『
　　　　　中國言語硏究』, 第70輯, 서울, 韓國中國言語學會, 2017
　　　　　年 6月
SHAOMENG SONG　　　現代漢語語氣副詞的分布與句子信息結構的關
　　　　　系探討,『中國言語硏究』, 第72輯, 서울, 韓國中國言語
　　　　　學會, 2017年 10月
WANG FEIYAN　　　《莊子》에 나타난 '小說'의 의미에 대한 고찰,『中國語
　　　　　文論叢』, 第80輯, 서울, 中國語文硏究會, 2017年 4月
WANG FEIYAN　　　<紅樓夢評論>에 나타난 王國維의 논의전개 방식과 쇼
　　　　　펜하우어의 悲劇說에 대한 수용,『中國語文論叢』, 第84
　　　　　輯, 서울, 中國語文硏究會, 2017年 12月
WANG XINLE　　　한·중 동소 한자어 비교 연구, 아주대 대학원 석사 논문,
　　　　　2016

Xiao Luting   중·일·한 3국에서의 린위탕(林語堂) 번역 및 수용에 관한 연구 : My country and my people을 중심으로, 고려대 대학원 석사 논문, 2016

Xu BaoYu   一般評論中的徐庾文評, 『中國語文論叢』, 第79輯, 서울, 中國語文硏究會, 2017年 2月

Xu BaoYu   歷代文話賦話中的徐庾文評, 『中國學硏究』, 第79輯, 서울, 中國學硏究會, 2017年 3月

Xu BaoYu   "潛氣內轉"辨, 『中國語文論叢』, 第82輯, 서울, 中國語文硏究會, 2017年 8月

Yan, Hui-juan·朴興洙   淺析"晒X"的類詞綴化現象, 『中國學硏究』, 第81輯, 서울, 中國學硏究會, 2017年 8月

Yan JiaoLian   試論漢字字形修辭的方式, 『中國語文論叢』, 第80輯, 서울, 中國語文硏究會, 2017年 4月

YUAN XIAOPENG   由克拉申'i+1'理論引發的二語習得順序啓示 - 以韓國大學初級漢語習得者爲例, 『中國語文學』, 第76輯, 대구, 嶺南中國語文學會, 2017年 12月

甘 健   再議徐志摩愛情詩之性靈美, 『中國人文科學』, 第66輯, 광주, 中國人文學會, 2017年 8月

甘瑞瑗·劉繼紅   漢語敎師的跨文化意識與文化傳播, 『中國語文學論集』, 第102號, 서울, 中國語文學硏究會, 2017年 2月

姜 夢·崔宰榮   漢語難易結構與難易謂詞硏究, 『中國語文學論集』, 第105號, 서울, 中國語文學硏究會, 2017年 8月

강경구   손오공과 諸神의 전투에 대한 불교적 독해, 『中國學』, 第60輯, 부산, 大韓中國學會, 2017 9月

姜鯨求 · 金敬娥　중국특색사회주의 종교이론의 고찰, 『中國學』, 第61輯,
　　　　　　　부산, 大韓中國學會, 2017年 12月

姜鯨求 · 金敬娥　중국의 종교정책과 법치화수준의 제고, 『中國學』, 第61
　　　　　　　輯, 부산, 大韓中國學會, 2017年 12月

강동위 · 王志成 · 羊米林　魅力型領導對員工行爲影響關系中 : 以感情承
　　　　　　　諾及領導 - 成員交換關系爲中心的硏究, 『中國學』, 第
　　　　　　　60輯, 부산, 大韓中國學會, 2017年 9月

강민호　　　　杜甫 七言排律의 특성과 한계, 『中國文學』, 第93輯, 서
　　　　　　　울, 韓國中國語文學會, 2017年 11月

강병규 · 박정구 · 유수경　언어유형론적 관점에 입각한 기점 표시 부치사의
　　　　　　　의미지도 연구 - 중국어 방언 분석을 중심으로, 『中國言
　　　　　　　語硏究』, 第71輯, 서울, 韓國中國言語學會, 2017年 8月

강선주　　　　漢語方言中的使役動詞"盡"和"等"初探, 『中國言語硏究
　　　　　　　』, 第69輯, 서울, 韓國中國言語學會, 2017年 4月

강설금　　　　한국 근대 초기 소규모 자급자족형 교과서 생태계 고찰 -
　　　　　　　중국 교과서 생태계와의 비교를 중심으로, 『中國文學』,
　　　　　　　第92輯, 서울, 韓國中國語文學會, 2017年 8月

강성조　　　　在韓後三國時代以前的諸子學初探 - 以後三國鼎立時
　　　　　　　期前金石文諸子學印記爲中心, 『中國學報』, 第82輯,
　　　　　　　서울, 韓國中國學會, 2017年 11月

강성조　　　　在韓後三國時代以前金石文所見≪莊子≫印記述論, 『
　　　　　　　中國語文論叢』, 第84輯, 서울, 中國語文硏究會, 2017年
　　　　　　　12月

강수정　　　　한중 번역뉴스의 프레임(Frame) 전환에 관한 연구 - 『參

	考消息』의 뉴스텍스트 분석을 중심으로,『中國文化研究』, 第35輯, 서울, 中國文化研究學會, 2017年 2月
강수정	중국매체의 내러티브 뉴스 번역에 관한 탐색적 연구,『中國文化研究』, 第38輯, 서울, 中國文化研究學會, 2017年 11月
강재욱	중국 산서성 임현앙가(臨縣秧歌)의 진행 과정과 제의적 성격,『中國人文科學』, 第67輯, 광주, 中國人文學會, 2017年 12月
강재인·권호종	≪삼국연의(三國演義)≫시가(詩歌) 편입과정(編入過程) 연구(研究),『中國語文學志』, 第58輯, 서울, 中國語文學會, 2017年 4月
강종임	중국 전통서사 속 과거(科擧)로 보는 사회적 보편성과 잔영(殘影),『中國語文學』, 第75輯, 대구, 嶺南中國語文學會, 2017年 8月
강종임	『法苑珠林·祭祀篇』을 통해 본 亡者의 세계,『中國文化研究』, 第38輯, 서울, 中國文化研究學會, 2017年 11月
강준영	韓·中수교 25年 : '新常態 시대의 도래,『中國學研究』, 第82輯, 서울, 中國學研究會, 2017年 11月
강지전	西方"他者"視角下的中國作家閻連科,『中國語文論叢』, 第81輯, 서울, 中國語文研究會, 2017年 6月
강찬수	≪華簡≫ 脫草 원문 및 校釋(Ⅱ) - 第二十三信에서 第三十四信까지,『中國語文論叢』, 第80輯, 서울, 中國語文研究會, 2017年 4月
강창구	중국어 듣기 교육 방안 연구,『中國人文科學』, 第65輯,

	광주, 中國人文學會, 2017年 4月
강창구	한국 공자학원의 운영현황과 개선방안에 관한 연구,『中國人文科學』, 第66輯, 광주, 中國人文學會, 2017年 8月
강창수	李賀〈馬詩二十三首〉研究,『中國文學研究』, 第68輯, 서울, 韓國中文學會, 2017年 8月
姜春華	朱熹 "驗証說" 萌芽與洪大容 "驗証說" 比較研究,『中國學』, 第61輯, 부산, 大韓中國學會, 2017年 12月
강필임	당대(唐代) 시회(詩會)의 통시적(通時的) 변화 : 상사일(上巳日) 시회(詩會)를 중심으로,『中國學報』, 第81輯, 서울, 韓國中國學會, 2017年 8月
강필임	中唐의 文人 詩會 : 成 연간 洛陽 지역을 중심으로,『中語中文學』, 第69輯, 서울, 韓國中語中文學會, 2017年 9月
강희명 · 김종호	현대중국어 화제의 두 위치 해석,『中國言語研究』, 第71輯, 서울, 韓國中國言語學會, 2017年 8月
耿　直 · 송시황	중국어 대표중모음과 변이음,『中國語 敎育과 硏究』, 第25號, 서울, 韓國中國語敎育學會, 2017年 6月
高　洁 · 張德强	시행학습(trial-learning)의 이론, 전략 그리고 실천,『中國語文論譯叢刊』, 第40輯, 서울, 中國語文論譯學會, 2017年 1月
고　비 · 오순방	19世紀Aesop's Fables羅伯聃中譯本≪意拾喩言≫譯介特色之分析,『中國語文論譯叢刊』, 第41輯, 서울, 中國語文論譯學會, 2017年 7月
고　비 · 오순방	明末首部漢譯伊索寓言集 ≪況義≫之仿作李世熊 ≪物

	感≫ 研究, 『中國文學』, 第92輯, 서울, 韓國中國語文學會, 2017年 8月
高 航·陳麗娟	日本漢詩集≪東瀛詩選≫用韻研究, 『中國語文論譯叢刊』, 第40輯, 서울, 中國語文論譯學會, 2017年 1月
高光敏	韓愈〈張中丞傳後敍〉의 후대 수용 연구, 『中國語文學論集』, 第102號, 서울, 中國語文學研究會, 2017年 2月
고동균	중학교 한문교육용 기초한자 900字의 形聲字 분석 : 聲符의 表意 작용을 중심으로, 고려대 교육대학원 석사 논문, 2016
高旼喜	當代紅學의 多元化 현상에 관한 고찰, 『中國小說論叢』, 第53輯, 서울, 韓國中國小說學會, 2017年 12月
고숙희	18세기 한중사회의 일상과 범죄 - ≪녹주공안(鹿洲公案)≫과 ≪흠흠신서(欽欽新書)≫를 중심으로 -, 『中國文學研究』, 第69輯, 서울, 韓國中文學會, 2017年 11月
高淑姬	韓中의 옛 이야기꾼, '이야기'를 자본화하다, 『中國小說論叢』, 第53輯, 서울, 韓國中國小說學會, 2017年 12月
고영란	SNS를 통해 본 BA式 狀態形容詞의 動態化 연구, 『中語中文學』, 第67輯, 서울, 韓國中語中文學會, 2017年 3月
고영란	'您們'의 사용 양상과 의미 고찰, 『中語中文學』, 第69輯, 서울, 韓國中語中文學會, 2017年 9月
고영란	'可X'형 형용사의 유형과 형용사성 분석, 『中國言語研究』, 第72輯, 서울, 韓國中國言語學會, 2017年 10月
고운선	장구이(姜貴) 작품을 둘러싼 콘텍스트와 ≪회오리바람(旋風)≫이라는 텍스트, 『中國語文論叢』, 第79輯, 서울, 中

國語文研究會, 2017年 2月

고윤실	애니메이션 『대어 · 해당(大魚海棠)』 읽기, 『中國現代文學』, 第83號, 서울, 韓國中國現代文學學會, 2017年 10月
고은미 · 박흥수	인터넷 신조어'被XX'고찰 - '詞語模(단어틀)' 이론을 중심으로 - , 『韓中言語文化硏究』, 第43輯, 서울, 韓國中國言語文化硏究會, 2017年 2月
고재원	'담론'과 '현실'사이 : 1920-30년대 중국 '청년'의 초상, 『中國現代文學』, 第80號, 서울, 韓國中國現代文學學會, 2017年 1月
고점복	시대의 희화화, 희극적인 것의 가치 - 範小靑의 ≪赤脚醫生萬泉和≫論, 『中國語文論叢』, 第84輯, 서울, 中國語文研究會, 2017年 12月
고진아	唐代離別詩의 典型的 特徵 연구, 『韓中言語文化硏究』, 第45輯, 서울, 韓國中國言語文化硏究會, 2017年 8月
고혜림	소설 속 공간 재구성과 이주자의 정체성, 『中國學』, 第58輯, 부산, 大韓中國學會, 2017年 3月
曲曉雲	≪四聲通解≫ 『東董送屋』韻所引≪蒙古韻略≫考, 『中國言語研究』, 第68輯, 서울, 韓國中國言語學會, 2017年 2月
공덕외	문화대혁명 시기의 중국 애니메이션 연구 : 상해미술영화제작소(上海美術電影制片廠)를 중심으로, 한서대 대학원 석사 논문, 2016
공범련	從信息結構理論角度看漢語無定主語句的允准問題, 『中國言語研究』, 第73輯, 서울, 韓國中國言語學會, 2017

	年 12月
공상철	영화『천주정』속의 중국 향촌 - 향촌 공부를 위한 길 찾기, 『中語中文學』, 第69輯, 서울, 韓國中語中文學會, 2017年 9月
곽　명	高適과 李安訥 변새시 비교 연구, 동국대 대학원 석사 논문, 2016
郭途炫 · Cai Xiangli	從語法化看夏合動趨結构的性質 - 兼談對應的 韓語表達, 『中國言語硏究』, 第70輯, 서울, 韓國中國言語學會, 2017年 6月
郭聖林	"一片"詞匯化的過程及机制, 『韓中言語文化硏究』, 第44輯, 서울, 韓國中國言語文化硏究會, 2017年 5月
곽이빈	漢語空間形容詞"遠"在情境中的多義性 : 從具身認知的視角觀察, 『韓中言語文化硏究』, 第46輯, 서울, 韓國中國言語文化硏究會, 2017年 11月
郭鉉淑	『훈몽자회』와『자류주석』의 분류항목 비교 분석, 『中國學』, 第61輯, 부산, 大韓中國學會, 2017年 12月
郭興燕 · 백지훈	"NP+容易/難+V"中"容易", "難"的詞性探討, 『中國學硏究』, 第81輯, 서울, 中國學硏究會, 2017年 8月
邱　崇	漢語現場展示話語標記"這不"的功能及其來源, 『中國語文論叢』第79輯, 서울, 中國語文硏究會, 2017年 2月
邱　崇	從語篇結构分析上古漢語主謂之間"其"的功能, 『中語中文學』, 第68輯, 서울, 韓國中語中文學會, 2017年 6月
구　월	王安憶의 ≪姉妹行≫ 중한 번역 연구, 단국대 대학원 석사 논문, 2016

18

구경숙 · 장진개	'V/A+得+全+Nm+X'의 중 Nm의 분류와 '全'의 중 Nm의 분류와 '全'의 의미,『中國言語硏究』, 第69輯, 서울, 韓國中國言語學會, 2017年 4月
구경숙 · 장진개	'V/A+得+全+Nm+X'구문의 하위분류와 '全'의 '배경선정'기능 연구,『中國言語硏究』, 第71輯, 서울, 韓國中國言語學會, 2017年 8月
구교현	누정 현판의 심미사유 내원 고찰 - 咸陽 花林洞 계곡의 樓亭을 중심으로 - ,『中國學論叢』, 第55輯, 大田, 韓國中國文化學會, 2017年 9月
구사력	The study of literature by Ryunosuke Akutagawa : focusing on the image of China in the literature, 신라대 대학원 석사 논문, 2016
구은미 · 이중희	중국 학부 유학생의 입학 유형 연구 - 2016년도 D 대학 사례 연구,『中國學硏究』, 第80輯, 서울, 中國學硏究會, 2017年 6月
구현아	청말(淸末) 민초(民初) 북경화(北京話) 입성자(入聲字)의 연변(演變) 연구,『中國語文學志』, 第59輯, 서울, 中國語文學會, 2017年 6月
宮英瑞 · 魏秀光	語用視角下的漢語句末語氣詞的功能硏究,『中國學』, 第59輯, 부산, 大韓中國學會, 2017年 6月
권기영	'한한령(限韓令)'을 통해 본 중국 대외문화정책의 딜레마,『中國文化硏究』, 第37輯, 서울, 中國文化硏究學會, 2017年 8月
권기영	후발국 문화산업 육성 전략의 유사성 연구,『中國文化硏

究』, 第38輯, 서울, 中國文化硏究學會, 2017年 11月

권미정　　　고전번역의 번역투 연구 : 『고문관지』내 한유(韓愈) 산문
　　　　　　을 중심으로, 영남대 대학원 석사 논문, 2016

권부경　　　關于"從來"和"從來"句, 『中國語文學』, 第75輯, 대구, 嶺
　　　　　　南中國語文學會, 2017年 8月

권부경　　　話語標記"這么說"的形成過程考察, 『中國語文學』, 第76
　　　　　　輯, 대구, 嶺南中國語文學會, 2017年 12月

권성현　　　關漢卿의 「包待制三勘 蝴蝶夢」 연구 : 구조분석을 통한
　　　　　　작가의 이상세계, 숙명여대 대학원 석사 논문, 2016

權順子・金鉉哲　의미지도 모형을 통한 부사 '也'의 의미 연구, 『中國語文
　　　　　　學論集』, 第104號, 서울, 中國語文學硏究會, 2017年 6月

권순자　　　현대중국어 'X勁兒'구문 연구, 『中國語文學論集』, 第107
　　　　　　號, 서울, 中國語文學硏究會, 2017年 12月

권애영　　　5・4 신문화 사조와 문학연구회의 '아동문학 운동', 『中國
　　　　　　學硏究』, 第79輯, 서울, 中國學硏究會, 2017年 3月

권용옥　　　習近平 依法治國 推進의 背景과 戰略, 『中國學論叢』,
　　　　　　第53輯, 大田, 韓國中國文化學會, 2017年 3月

권운영　　　朝鮮 中期 文人의 글에서 살펴본 中國古典小說에 대한
　　　　　　批評, 『中國語文論叢』, 第79輯, 서울, 中國語文硏究會,
　　　　　　2017年 2月

권익호・이강범　滿洲國의 '國語敎育政策 - '新學制' 시행을 중심으로, 『
　　　　　　中國語文學論集』, 第107號, 서울, 中國語文學硏究會,
　　　　　　2017年 12月

권혁준　　　郭璞의 晉代 漢語 陰聲韻 음운체계, 『中國語文論叢』,

第84輯, 서울, 中國語文硏究會, 2017年 12月

권호종 · 강재인 ≪삼국연의(三國演義)≫시가(詩歌) 편입과정(編入過程) 연구(硏究), 『中國語文學志』, 第58輯, 서울, 中國語文學 會, 2017年 4月

권호종 · 황영희 · 박정숙 · 이기훈 · 신민야 · 이봉상 ≪靑樓韻語≫ 의 經文과 原註에 대한 譯解 (4), 『中國語文論譯叢刊』, 第41輯, 서울, 中國語文論譯學會, 2017年 7月

靳大成 · 王永健 走進藝術人類學 : 兼論20世紀80年代的學術思潮, 『中 國現代文學』, 第80號, 서울, 韓國中國現代文學學會, 2017年 1月

김 선 遺棄에서 自殺까지 - 明末清初 柳如是의 수치심을 중심 으로, 『中國文化硏究』, 第36輯, 서울, 中國文化硏究學 會, 2017年 5月

김 선 臺灣女性學者對黃金川詩的批評, 『中國語文論叢』, 第 84輯, 서울, 中國語文硏究會, 2017年 12月

金 艷 中韓當代文學轉型期有關民族性與世界性的探討, 『中 國文學』, 第90輯, 서울, 韓國中國語文學會, 2017年 2月

김 영 중국소설 ≪西遊記≫ 번역본의 조선후기 유통에 관한 연 구 - 영남대 소장 번역필사본을 중심으로, 『中國語文論譯 叢刊』, 第40輯, 서울, 中國語文論譯學會, 2017年 1月

김 영 중국 근대역사소설 ≪神州光復志演義≫의 번역본 ≪滿 漢演義≫에 대한 연구, 『中國語文學』, 第74輯, 대구, 嶺 南中國語文學會, 2017年 4月

金 瑛 基於句法分析的漢語四字格詞匯敎學硏究, 『中國語 敎

	育과 硏究』, 第25號, 서울, 韓國中國語敎育學會, 2017年 6月
金 瑛	명대 백화단편소설「李謫仙醉草嚇蠻書」번역필사본에 대한 고찰,『中國語文學論集』, 第106號, 서울, 中國語文學硏究會, 2017年 10月
김 영	러시아 상트페테르부르크 동방학연구소에 소장된 번역필사본 《동유긔》에 대한 고찰,『中國語文論叢』, 第83輯, 서울, 中國語文硏究會, 2017年 10月
김 호	《동의보감(東醫寶鑑)》의 중국전파와 간행에 관한 재론(再論),『中國文學硏究』, 第66輯, 서울, 韓國中文學會, 2017年 2月
김 호	劉大櫆 時文論에 관한 一考,『中國學報』, 第79輯, 서울, 韓國中國學會, 2017年 2月
金慶國	戴名世與桐城派的文論,『中國人文科學』, 第67輯, 광주, 中國人文學會, 2017年 12月
김경남	비페이위(畢飛宇) 소설의 서사 특색 -『평원(平原)』과『추나(推拿)』를 중심으로,『中國學報』, 第82輯, 서울, 韓國中國學會, 2017年 11月
김경동·김은아	21세기 국내 두보 연구의 현황과 성과,『中國學報』, 第82輯, 서울, 韓國中國學會, 2017年 11月
김경동	중국고전 詩文 읽기에 있어 오해와 진실,『中語中文學』, 第70輯, 서울, 韓國中語中文學會, 2017年 12月
金敬娥·姜鯨求	중국특색사회주의 종교이론의 고찰,『中國學』, 第61輯, 부산, 大韓中國學會, 2017年 12月

金敬娥・姜鯨求   중국의 종교정책과 법치화수준의 제고,『中國學』, 第61
輯, 부산, 大韓中國學會, 2017年 12月

김계태・노남중   중국의 문화전략 변천考,『中國文化硏究』, 第35輯, 서울,
中國文化硏究學會, 2017年 2月

김계화   『通用規范漢字表』의 의의와 한계,『中國學』, 第58輯, 부
산, 大韓中國學會, 2017年 3月

김관옥   한국 사드(THAAD) 배치와 미중 군사전략 충돌,『中國學
論叢』, 第54輯, 大田, 韓國中國文化學會, 2017年 6月

김광영   魚龍曼延 小考 - 佛敎와의 연관성을 중심으로,『中國文
化硏究』, 第35輯, 서울, 中國文化硏究學會, 2017年 2月

金光永   元雜劇 佛敎劇 연구,『中國文化硏究』, 第37輯, 서울, 中
國文化硏究學會, 2017年 8月

金光耀   文革爆發之初的基層党委：以復旦大學爲例,『中國現代
文學』, 第81號, 서울, 韓國中國現代文學學會, 2017年
4月

김금남   敦煌 聯章體歌辭〈搗練子・孟姜女〉의 서사구조 분석
및 연행형식 고찰,『中國文學硏究』, 第68輯, 서울, 韓國
中文學會, 2017年 8月

김금미   중국 문학지도콘텐츠 개발 연구, 한국외대 대학원 박사 논
문, 2016

김나래・김석영・손남호・신원철・이강재・이연숙・이미경 중국 출판 현대
중국어 교재의 시기별 현황과 특징 연구,『中國言語硏究
』, 第69輯, 서울, 韓國中國言語學會, 2017年 4月

김나래・신원철・소민정・손남호・이강재・이연숙・이미경・김석영   중국

어 교재 평가 체크리스트 개발 연구,『中國語 敎育과 硏究』, 第25號, 서울, 韓國中國語敎育學會, 2017年 6月

김나래·신원철·김석영·손남호·이강재·이미경·이연숙·박종한 　현행 중등 중국어 교과서의 문화요소에 대한 연구,『中國文學』, 第92輯, 서울, 韓國中國語文學會, 2017年 8月

김낙철 　배형『傳奇』에 나타난 용과 뱀의 관계성 고찰,『中語中文學』, 第67輯, 서울, 韓國中語中文學會, 2017年 3月

김낙철 　唐傳奇에 나타난 뉴에이지(New Age) 고찰,『中國文化硏究』, 第38輯, 서울, 中國文化硏究學會, 2017年 11月

김남석 　중국 조선족 희곡에 반영된 역사적 傷痕과 상상력의 기록물로서 문학적 글쓰기,『中國學』, 第58輯, 부산, 大韓中國學會, 2017年 3月

金南奭·王惠麗 　심택추자희 포공출세(包公出世)와 창극 흥보전의 미학적 비교,『中國學』, 第61輯, 부산, 大韓中國學會, 2017年 12月

金南芝·嚴翼相 　『訓蒙字會』한자음으로 본 重紐에 관한 쟁점,『中國語文學論集』, 第103號, 서울, 中國語文學硏究會, 2017年 4月

金大陸 　從知靑的"下鄕"與"返城"看"歷史的轉折": 以上海知靑史料爲中心的分析,『中國現代文學』, 第81號, 서울, 韓國中國現代文學學會, 2017年 4月

김도경·어영미 　중국 시민사회 담론 속의 '혁명 서사',『中國現代文學』, 第83號, 서울, 韓國中國現代文學學會, 2017年 10月

김도영 　젠더의 혼란을 야기한 남채화(藍彩和)의 형상 연구,『中國小說論叢』, 第52輯, 서울, 韓國中國小說學會, 2017年 8月

김도일	유가(儒家)의 시중(時中)과 법가(法家)의 시세(時勢), 『中國學報』, 第80輯, 서울, 韓國中國學會, 2017年 5月
김동오	서주(西周) 사도(司徒)의 재검토, 『中國學報』, 第80輯, 서울, 韓國中國學會, 2017年 5月
金東河	정책을 통해 본 시진핑의 리더십 연구, 『中國學』, 第58輯, 부산, 大韓中國學會, 2017年 3月
김동현	莊子의 誠論 - ≪中庸≫ 誠과의 비교를 통하여 - , 『中國語文學』, 第76輯, 대구, 嶺南中國語文學會, 2017年 12月
김두현	청말(淸末) 안휘성(安徽省)의 재해구제(災害救濟)와 민간 의진(義賑)활동의 전개, 『中國學報』, 第80輯, 서울, 韓國中國學會, 2017年 5月
金萬泰・辛永鎬	중국 命理原典 『命理約言』 고찰, 『中國學』, 第58輯, 부산, 大韓中國學會, 2017年 3月
김명구	'接受'與'排斥' - 以'中'等不一致效應探究宋元話本小說夢敘事, 『中國語文論叢』, 第81輯, 서울, 中國語文研究會, 2017年 6月
金明信	≪七劍十三俠≫ 의 판본과 환상적 영웅서사, 『中國小說論叢』, 第53輯, 서울, 韓國中國小說學會, 2017年 12月
金明子・徐苗苗	CPT考試中商務話語的体裁及其測試維度分析, 『中國學』, 第59輯, 부산, 大韓中國學會, 2017年 6月
김명희	한한(韓寒), 문화영웅인가 공공지식인인가, 『中國人文科學』, 第66輯, 광주, 中國人文學會, 2017年 8月
김미나・최재영	宋元明淸時期器官動量詞的歷時考察, 『中國學報』, 第81輯, 서울, 韓國中國學會, 2017年 8月

김미란	'무호적자(黑戶)' 관리를 통해 본 중국의 인구통치, 『中國學硏究』, 第79輯, 서울, 中國學硏究會, 2017年 3月
김미란	모옌(莫言) 문학의 생명의식과 모성, 그리고 비판성 - ≪개구리(蛙)≫와 ≪풍유비둔(豊乳肥臀)≫을 중심으로, 『中國語文學志』, 第59輯, 서울, 中國語文學會, 2017年 6月
김미란	명작 다시 보기, 『中國現代文學』, 第83號, 서울, 韓國中國現代文學學會, 2017年 10月
김미성	현대 중국어 형용사와 '下來 · 下去' 결합 양상 고찰, 『中國人文科學』, 第66輯, 광주, 中國人文學會, 2017年 8月
김미순	특수조사 '~도'의 중국어 복문 대응 표현에 관한 의미 · 화용론적 고찰, 『中國語文學志』, 第58輯, 서울, 中國語文學會, 2017年 4月
김미영	穆旦 詩의 윤리 의식과 참회 정신, 『中國語文論叢』, 第83輯, 서울, 中國語文硏究會, 2017年 10月
김미정	周作人의 만년, 『中國現代文學』, 第81號, 서울, 韓國中國現代文學學會, 2017年 4月
김미주	중국어 부사 "還"와 의미가 중복되는 부사간의 혼용 오류 실험 조사 연구, 『中國學報』, 第81輯, 서울, 韓國中國學會, 2017年 8月
김민나	유협(劉勰) 부론(賦論)의 특징과 의의 고찰 - 부(賦)에 대한 새로운 인식과 평론을 기대하며, 『中國語文學志』, 第59輯, 서울, 中國語文學會, 2017年 6月
김민영	어린이 중국어교육 연구, 부산외대 대학원 박사 논문, 2016

김민정	21세기 중국 농민공 詩의 소외와 고민, 『中國現代文學』, 第81號, 서울, 韓國中國現代文學學會, 2017年 4月
김민창 · 이찬우	중국의 기술혁신과 지역경제성장간의 상호관계 연구, 『中國學硏究』, 第82輯, 서울, 中國學硏究會, 2017年 11月
김병기	元 干涉期 性理學의 高麗 流入과 止浦 金坵의 역할(1), 『中國學論叢』, 第53輯, 大田, 韓國中國文化學會, 2017年 3月
김병기	元 干涉期 性理學의 高麗 流入과 止浦 金坵의 역할(2), 『中國學論叢』, 第55輯, 大田, 韓國中國文化學會, 2017年 9月
김보경 · 어승환	任半塘 ≪唐戲弄≫〈總說〉 '晚唐' 부분 譯註, 『中國語文論譯叢刊』, 第41輯, 서울, 中國語文論譯學會, 2017年 7月
金寶蘭	指令言語行爲表達形式的選擇机制, 『中國學』, 第59輯, 부산, 大韓中國學會, 2017年 6月
김봉연	東西의 소설 ≪언어 없는 생활≫ 속 발화양상과 의미, 『中國文學硏究』, 第69輯, 서울, 韓國中文學會, 2017年 11月
김부용	주요국의 대중 내수용 수출경쟁력에 대한 연구, 『中國學硏究』, 第81輯, 서울, 中國學硏究會, 2017年 8月
김상규	일제강점기 항일독립운동의 새로운 일면 : 중국어 교육과 중국어회화교재 편찬 - ≪中語大全≫ 저자 李祖憲의 삶을 중심으로, 『中國文學硏究』, 第67輯, 서울, 韓國中文學會, 2017年 5月
김상범	남송(南宋) 도성(都城) 임안(臨安)과 민간사묘신앙(民間祠廟信仰) - 도시사적 접근, 『中國學報』, 第80輯, 서울,

	韓國中國學會, 2017年 5月
김서운	국공내전 시기 해파(海派)영화 연구: 정치적 담론의 형상화를 중심으로, 경희대 대학원 석사 논문, 2016
김석영·김나래·손남호·신원철·이강재·이연숙·이미경	중국 출판 현대 중국어 교재의 시기별 현황과 특징 연구, 『中國言語研究』, 第69輯, 서울, 韓國中國言語學會, 2017年 4月
김석영·김나래·신원철·소민정·손남호·이강재·이연숙·이미경	중국어 교재 평가 체크리스트 개발 연구, 『中國語 敎育과 硏究』, 第25號, 서울, 韓國中國語敎育學會, 2017年 6月
김석영·김나래·신원철·손남호·이강재·이미경·이연숙·박종한	현행 중등 중국어 교과서의 문화요소에 대한 연구, 『中國文學』, 第92輯, 서울, 韓國中國語文學會, 2017年 8月
김석영·여인우	고등학교 중국어 지필평가의 문항 타당도에 대한 연구 - 직접평가 요소에 따른 차이를 바탕으로, 『中國語文學志』, 第61輯, 서울, 中國語文學會, 2017年 12月
김석영·이민경	다음절어 성조연쇄 패턴 빈도를 활용한 중국어 성조 지도 재료 선정 방안 연구, 『中國人文科學』, 第67輯, 광주, 中國人文學會, 2017年 12月
金善子	중국 윈난성 소수민족의 '곡혼穀魂' 신화와 머리사냥(獵頭) 제의에 관한 고찰, 『中國語文學論集』, 第102號, 서울, 中國語文學研究會, 2017年 2月
金善子	중국 黃帝 신화와 의례의 상관성에 관한 연구, 『中國語文學論集』, 第106號, 서울, 中國語文學研究會, 2017年 10月
김선자	중국 소수민족 신화 속 영웅의 형상 - 이족의 즈거아루(支

格阿魯)를 중심으로, 『中國語文學論集』, 第107號, 서울,
中國語文學硏究會, 2017年 12月

김선희·림문연   중국어 대칭구문의 의미구조 연구 - 구문 교체 양상을 중
심으로 -, 『中國言語硏究』, 第69輯, 서울, 韓國中國言語
學會, 2017年 4月

김성순   한·중 민간장례 습속에 나타나는 망혼의 안내자들 : '인로
계(引路鷄)'와 '꼭두닭'을 중심으로, 『中國人文科學』, 第
65輯, 광주, 中國人文學會, 2017年 4月

김세환   天文과 人文의 의미 고찰, 『中國學硏究』, 第79輯, 서울,
中國學硏究會, 2017年 3月

김소영   비주얼텍스트의 트랜스미디에이션을 통한 이미지의 사유
- 영화 〈행자〉와 〈혼돈 이후〉를 중심으로, 『中國文化硏
究』, 第35輯, 서울, 中國文化硏究學會, 2017年 2月

김소영   중국 출판사들의 그룹화 현상 연구 - 창장(長江)출판그룹
을 중심으로, 『中國語文學論集』, 第107號, 서울, 中國語
文學硏究會, 2017年 12月

김소정   민국시기 러시아문학의 수용과 번역, 『中國文化硏究』,
第38輯, 서울, 中國文化硏究學會, 2017年 11月

김소정   1920년대 러시아문학의 중국적 수용과 번역 - 레오니드 안
드레예프를 중심으로, 『中國語文學』, 第76輯, 대구, 嶺南
中國語文學會, 2017年 12月

金水珍   老舍의 《新時代的舊悲劇》에 드러난 인물형상의 서술
양상과 작가의식, 『中國小說論叢』, 第51輯, 서울, 韓國
中國小說學會, 2017年 4月

김수희	명대(明代) 심의수(沈宜修) 사(詞)로 본 여성사의 효용성, 『中國語文學志』, 第58輯, 서울, 中國語文學會, 2017年 4月
김수희	唐代 敎坊 大曲과 唐五代文人詞의 戲劇性에 대한 상관적 고찰,『中國文學』, 第93輯, 서울, 韓國中國語文學會, 2017年 11月
김순진	장톈이 장편동화 속 환상세계의 의미망,『中國語文論譯叢刊』, 第40輯, 서울, 中國語文論譯學會, 2017年 1月
김순진	『제7일』의 사후세계가 지닌 의미와 창조성,『中國學研究』, 第82輯, 서울, 中國學研究會, 2017年 11月
김순희	명대 궁정 교방의 '만국래조' 공연에 관한 연구,『中國學研究』, 第81輯, 서울, 中國學研究會, 2017年 8月
김승심	太宗·玄宗詩에서 읽는 帝王文化,『中國文化研究』, 第37輯, 서울, 中國文化研究學會, 2017年 8月
김승욱	戰後 上海의 韓僑 처리와 한인사회,『中國學報』, 第79輯, 서울, 韓國中國學會, 2017年 2月
金承賢·李英月	'牛'의 문법화와 역문법화 현상,『中國語 敎育과 研究』, 第25號, 서울, 韓國中國語敎育學會, 2017年 6月
김승현·김홍매	현대중국어 '到'와 '到X'의 인지적 의미 분석,『中國語 敎育과 研究』, 第26號, 서울, 韓國中國語敎育學會, 2017年 12月
김승현	"是…的"(2)구문의 화용적 특징과 교육,『中國語文學論集』, 第107號, 서울, 中國語文學研究會, 2017年 12月
김신주	聞尊 銘文 '余學事女母不善'에 대한 小考,『中國文學研究』, 第66輯, 서울, 韓國中文學會, 2017年 2月

金雅瑛	일제강점기 中國語會話書『無師速修滿洲語大王』소고, 『中國語文學論集』, 第104號, 서울, 中國語文學研究會, 2017年 6月
金愛英	高麗本音義書에 引用된『玉篇』考察, 『中國語文學論集』, 第106號, 서울, 中國語文學研究會, 2017年 10月
김양수	1970년대 한국·대만문학의 공동유산으로서의 '제3세계' - 황석영·황춘밍의 소설과 그 영화화, 『中國文學硏究』, 第68輯, 서울, 韓國中文學會, 2017年 8月
김영경	天治本『新撰字鏡』校勘研究, 『中語中文學』, 第67輯, 서울, 韓國中語中文學會, 2017年 3月
김영식	≪吳越春秋≫에 나타난 神話 연구, 『中國文學』, 第91輯, 서울, 韓國中國語文學會, 2017年 5月
김영식	≪吳越春秋≫의 小說化 企圖 탐색 - 작품에 나타난 詩 분석을 통하여, 『中國文學』, 第92輯, 서울, 韓國中國語文學會, 2017年 8月
김용선	중국 장강경제벨트 구축계획과 한국기업의 진출방안, 『中國學論叢』, 第55輯, 大田, 韓國中國文化學會, 2017年 9月
金原希	'원형적 초래구문'에 대한 고찰, 『中國語文學論集』, 第102號, 서울, 中國語文學研究會, 2017年 2月
김원희	'원형적 초래구문'의 '초래자' 의미요소의 개념화 현상, 『中國言語研究』, 第69輯, 서울, 韓國中國言語學會, 2017年 4月
김원희	원형적 '초래성' 등급 척도 설정에 대한 고찰, 『中國文學研究』, 第67輯, 서울, 韓國中文學會, 2017年 5月

金原希 · 金鉉哲　'N1+使+N2+V1+(N3)'구문의 '피초래상황'에 대한 연구, 『
　　　　　　　中國語文學論集』, 第104號, 서울, 中國語文學硏究會,
　　　　　　　2017年 6月

김월회　　　포스트휴먼과 죽음 - 공자, 장자, 도잠, 노신이 죽음을 대
　　　　　　했던 태도와 현재적 쓸모, 『中國文學』, 第92輯, 서울, 中
　　　　　　國語文學會, 2017年 8月

김윤수　　　1930년대 중국 여성의 미용 담론이 가지는 의미 - ≪玲瓏
　　　　　　(1931-1937)≫을 중심으로, 『中國語文論叢』, 第79輯, 서
　　　　　　울, 中國語文硏究會, 2017年 2月

김윤영 · 최재영　후치성분 '來說'의 문법화 연구 - 'Pre+NP+來說'구조를 중
　　　　　　심으로, 『中國語文論譯叢刊』, 第40輯, 서울, 中國語文
　　　　　　論譯學會, 2017年 1月

김은경　　　蘇門詞人의 題序 특징 연구, 『中國語文學』, 第74輯, 대
　　　　　　구, 嶺南中國語文學會, 2017年 4月

김은경　　　黃庭堅의 戲作詞 창작 태도와 그 영향, 『中國語文學』,
　　　　　　第76輯, 대구, 嶺南中國語文學會, 2017年 12月

김은수　　　개혁개방 성립기(1976~1980) 중국공산당의 문화예술 정
　　　　　　책, 『中國文化硏究』, 第35輯, 서울, 中國文化硏究學會,
　　　　　　2017年 2月

김은아 · 김경동　21세기 국내 두보 연구의 현황과 성과, 『中國學報』, 第82
　　　　　　輯, 서울, 韓國中國學會, 2017年 11月

김은영　　　중국, 그 꿈의 시작 : '永遠的追夢人' 한국어번역논문, 제
　　　　　　주대 통역번역대학원 석사 논문, 2016

김은영　　　張愛玲的自我告白寫作 - 以自傳体小說≪小團圓≫爲

	例-,『中國人文科學』, 第65輯, 광주, 中國人文學會, 2017年 4月
김은주	基于語料庫的"挨", "靠", "臨"用法辨析,『中國人文科學』, 第65輯, 광주, 中國人文學會, 2017年 4月
김은희	延安時期丁玲의 〈夜〉에 관한 소고-重層構造와 섹슈얼리티를 중심으로,『中國人文科學』, 第65輯, 광주, 中國人文學會, 2017年 4月
金恩希	淸學四書의 漢字語에 대한 한글 轉寫에 나타난 漢語語音의 특징,『中國人文科學』, 第66輯, 광주, 中國人文學會, 2017年 8月
김은희	일반 언어학의 한자에 대한 이해와 문제점,『中國語文學論集』, 第107號, 서울, 中國語文學硏究會, 2017年 12月
金宜貞	명말 청초 여성 시인들의 교류시,『中國語文學論集』, 第106號, 서울, 中國語文學硏究會, 2017年 10月
김의정	명말 청초 여성 시인의 화훼시(花卉詩)-이인(李因)을 중심으로,『中國語文學志』, 第61輯, 서울, 中國語文學會, 2017年 12月
김이식	≪史記·衛將軍驃騎列傳≫析論,『中國語文學』, 第76輯, 대구, 嶺南中國語文學會, 2017年 12月
김인주	중국인 유학생 교육 내실화를 위한 전용교과 운영 사례 연구 및 제안-「커리어스타트」 교과를 중심으로,『中國語文論譯叢刊』, 第41輯, 서울, 中國語文論譯學會, 2017年 7月
김인호	한대인의 초사 이해,『中國人文科學』, 第66輯, 광주, 中

	國人文學會, 2017年 8月
김자은	20세기말 21세기초 중국 시에 나타난 죽음 형상,『中國人文科學』, 第66輯, 광주, 中國人文學會, 2017年 8月
金長煥	古今의 名物에 대한 考證,『中國語文學論集』, 第103號, 서울, 中國語文學硏究會, 2017年 4月
金長煥	顔之推『冤魂志』輯校 研究,『中國語文學論集』, 第104號, 서울, 中國語文學硏究會, 2017年 6月
김정구	중국 영화 연구의 역사와 전망,『中國現代文學』, 第83號, 서울, 韓國中國現代文學學會, 2017年 10月
金廷奎・李曉凡	중국과 한국 소비자의 광고수용 비교연구,『中國學』, 第61輯, 부산, 大韓中國學會, 2017年 12月
김정수	중국 '신노동자' 집단정체성 형성의 문화정치적 함의 - 베이징 피춘 '노동자의 집'을 중심으로,『中國文化硏究』, 第35輯, 서울, 中國文化硏究學會, 2017年 2月
김정수	타이완 사회의 부조리를 고발하다 - 타이완영화 ≪너 없인 못 살아≫를 중심으로,『中國語文學志』, 第58輯, 서울, 中國語文學會, 2017年 4月
김정수	표류하는 개인들의 사회,『中國現代文學』, 第82號, 서울, 韓國中國現代文學學會, 2017年 7月
김정수	'저층문학'에서 '노동자문학'으로 - 〈나는 판위수입니다〉를 중심으로,『中國文學研究』, 第68輯, 서울, 韓國中文學會, 2017年 8月
김정수	이 계절의 책,『中國現代文學』, 第83號, 서울, 韓國中國現代文學學會, 2017年 10月

김정욱	중국 영화이론 논쟁사 연구, 『中國人文科學』, 第66輯, 광주, 中國人文學會, 2017年 8月
김정욱	『중경삼림(重慶森林)』을 관독(觀讀)하는 어떤 한 장의 지도, 『中國人文科學』, 第67輯, 광주, 中國人文學會, 2017年 12月
金廷恩	한 · 중 이인칭 대명사 '너'와 '你'의 통사 · 의미 특징 대조 분석, 『中國語文學論集』, 第105號, 서울, 中國語文學硏究會, 2017年 8月
金正必	'개사현공'의 이론적 가능성과 활용 방안, 『中國學』, 第61輯, 부산, 大韓中國學會, 2017年 12月
金正勛 · 金炫兌	現代漢語中的有標記感嘆句考察 - 以副詞, 代詞爲標記的感嘆句中心, 『中國學』, 第59輯, 부산, 大韓中國學會, 2017年 6月
김정희	唐代 茶詩 小考, 『中國學報』, 第81輯, 서울, 韓國中國學會, 2017年 8月
김종섭	唐代 '武才'와 '文 · 武'의 분리, 『中國學報』, 第79輯, 서울, 韓國中國學會, 2017年 2月
김종찬	≪現代漢語詞典≫中的"不便"詞性探究, 『中國語文論譯叢刊』, 第40輯, 서울, 中國語文論譯學會, 2017年 1月
김종찬	≪現代漢語詞典≫"方便"詞性與詞義探究, 『韓中言語文化硏究』, 第46輯, 서울, 韓國中國言語文化硏究會, 2017年 11月
金鐘讚	"繼續"動詞副詞兼類說異議, 『中國語文學志』, 第61輯, 서울, 中國語文學會, 2017年 12月

김종현	중국 動員式 治理의 제도적 문제점,『中國學硏究』, 第79輯, 서울, 中國學硏究會, 2017年 3月
김종호·강희명	현대중국어 화제의 두 위치 해석,『中國言語硏究』, 第71輯, 서울, 韓國中國言語學會, 2017年 8月
김주원·문철주	중국 요우커(游客youke)의 문화적 동기와 방문충성도에 관한 연구,『中國學論叢』, 第56輯, 大田, 韓國中國文化學會, 2017年 12月
金主希·金鉉哲·李京珍·李有眞	중국어 교육현황 조사 및 분석 연구,『中國語文學論集』, 第102號, 서울, 中國語文學硏究會, 2017年 2月
김주희	'所以'와 '於是'에 관한 소고,『中國語文論叢』, 第82輯, 서울, 中國語文硏究會, 2017年 8月
김준석	산도(山濤) 정치태도의 재조명 - 혜강(嵇康) 부자의 비극을 중심으로,『中國語文學志』, 第59輯, 서울, 中國語文學會, 2017年 6月
김준수	상고 중국어에 보이는 모음(母音) 교체(交替)(ablaut)를 통한 어휘 파생 현상에 대한 소고(小考),『中國言語硏究』, 第71輯, 서울, 韓國中國言語學會, 2017年 8月
김준수	상고 중국어에 보이는 -ps > -ts 현상 및 그와 관련된 몇 가지 例에 관한 小考,『中國言語硏究』, 第72輯, 서울, 韓國中國言語學會, 2017年 10月
김준연	당대(唐代) 시인의 사회 연결망 분석 (1) - 사교시(社交詩)에 대한 빅데이터와 인포그래픽 기반의 접근,『中國學報』, 第82輯, 서울, 韓國中國學會, 2017年 11月

김지선	17세기 중국의 과학과 ≪三才圖會≫(II) - 圖鑑으로서의 의미를 중심으로, 『中國語文論叢』, 第79輯, 서울, 中國語文研究會, 2017年 2月
김지영	한유의 詩文合一과 文章流弊에 대한 논의, 『中國語文論譯叢刊』, 第40輯, 서울, 中國語文論譯學會, 2017年 1月
金智英	절망의 시대를 노래한 吳偉業시 연구, 『中國語文學論集』, 第104號, 서울, 中國語文學研究會, 2017年 6月
김지영	韓愈와 柳宗元의 작문 경쟁, 『中國語文論譯叢刊』, 第41輯, 서울, 中國語文論譯學會, 2017年 7月
金智英	錢謙益 詩 연구, 『中國語文學論集』, 第106號, 서울, 中國語文學研究會, 2017年 10月
김지영	≪甌北詩話≫에 나타난 吳偉業과 査愼行 시 평가, 『中國語文學』, 第76輯, 대구, 嶺南中國語文學會, 2017年 12月
김지현	朝鮮文人 李殷相 詞의 特徵 考察, 『韓中言語文化研究』, 第44輯, 서울, 韓國中國言語文化研究會, 2017年 5月
金震坤	'小說', 자질구레한 이야기?: 명청 시기의 '小說' 그리고 그 현대적 해석, 『中國小說論叢』, 第53輯, 서울, 韓國中國小說學會, 2017年 12月
김진공	소설 『류즈단』은 왜 위험한 작품이 되었는가?, 『中國現代文學』, 第83號, 서울, 韓國中國現代文學學會, 2017年 10月
金珍我	淺析文學飜譯的補償原則, 『中國語文學論集』, 第102號, 서울, 中國語文學研究會, 2017年 2月
김진호 · 현성준	중국어 동소사의 품사와 형태소 결합방식 연구, 『中國學論叢』, 第56輯, 大田, 韓國中國文化學會, 2017年 12月

김진희	중국어 관용어 어휘소재(語彙素材)의 계량적 분석,『中國語文學論集』, 第103號, 서울, 中國語文學研究會, 2017年 4月
김차의	동아시아 환술(幻術)의 유형과 특징, 고려대 대학원 석사논문, 2016
金昌慶·王 濤	儒學在當代韓國的流播與傳承,『中國學』, 第59輯, 부산, 大韓中國學會, 2017年 6月
金昌慶·趙立新	中國對 "薩德" 問題的認知與中韓關系的轉圜,『中國學』, 第61輯, 부산, 大韓中國學會, 2017年 12月
김초롱	漢語 外來詞의 類型 및 影響 硏究, 건국대 대학원 석사논문, 2016
김충실·악일비	표기이론과 중한 목적어 구문 습득에서의 모국어 간섭현상,『中國語 敎育과 硏究』, 第26號, 서울, 韓國中國語敎育學會, 2017年 12月
金泰萬	초기 魯迅의 문예사상,『中國學』, 第61輯, 부산, 大韓中國學會, 2017年 12月
김태연	도시, 유성기, 댄스홀,『中國現代文學』, 第80號, 서울, 韓國中國現代文學學會, 2017年 1月
김태연	1920-30년대 베이징의 문예청년과 도시공간의 분할,『中國現代文學』, 第82號, 서울, 韓國中國現代文學學會, 2017年 7月
김태용	명태조『도덕경』어주의 '무위'관념 연구,『中國學報』, 第82輯, 서울, 韓國中國學會, 2017年 11月
김태완·조원일	≪字彙≫ 部首 考察,『中國語文論譯叢刊』, 第40輯, 서

울, 中國語文論譯學會, 2017年 1月

김태완 · 조원일	商鞅의 法治와 農戰의 관계 연구, 『中國學論叢』, 第56輯, 大田, 韓國中國文化學會, 2017年 12月
김태완	《說文解字》의 轉注 再考察, 『中國人文科學』, 第67輯, 광주, 中國人文學會, 2017年 12月
金兌垠 · 李知恩	현행 대학교육의 교직이수과목에 대한 고찰, 『中國語文學論集』, 第106號, 서울, 中國語文學硏究會, 2017年 10月
김하림	陳映眞 선생에 대한 기억과 그리움, 『中國現代文學』, 第80號, 서울, 韓國中國現代文學學會, 2017年 1月
김하림 역 · 陳映眞 저	타이완 당대사의 새로운 해석, 『中國現代文學』, 第80號, 서울, 韓國中國現代文學學會, 2017年 1月
김현수	갈홍(葛洪)의 '신선가학론(神仙可學論)'과 '신선명정론(神仙命定論)'의 관계에 대한 고찰, 『中國學報』, 第82輯, 서울, 韓國中國學會, 2017年 11月
金鉉宰 · 李志宣	중국 한자(漢字)의 베트남으로 유입과 발전, 쇠퇴에 관한 연구, 『中國學』, 第61輯, 부산, 大韓中國學會, 2017年 12月
김현주 · 채은유	한국 실크로드 음악연구의 현황과 전망, 『韓中言語文化硏究』, 第43輯, 서울, 韓國中國言語文化硏究會, 2017年 2月
金賢珠	강유위의 대동사상의 사상적 함의와 중국적 사회주의의 현대화의 연관성, 『中國學』, 第60輯, 부산, 大韓中國學會, 2017年 9月
김현주	현대중국어 시량보어와 목적어 어순제약의 화용 · 인지적 원인 연구 - "我學了漢語一年"과 "我等了三天他"의 오류

원인 분석을 중심으로 - , 『中國言語硏究』, 第72輯, 서울, 韓國中國言語學會, 2017年 10月

金鉉哲 · 金主希 · 李京珍 · 李有眞　중국어 교육현황 조사 및 분석 연구, 『中國語文學論集』, 第102號, 서울, 中國語文學硏究會, 2017年 2月

金鉉哲 · 張進凱　'V/A+得+一+Nm+X' 구문 중 'Nm'의 인지적 연구, 『中國語文學論集』, 第103號, 서울, 中國語文學硏究會, 2017年 4月

金鉉哲 · 侯曉丹　한 · 중 소량표현 '조금과 '一點兒'의 대응양상연구, 『中國語文學論集』, 第103號, 서울, 中國語文學硏究會, 2017年 4月

金鉉哲 · 權順子　의미지도 모형을 통한 부사 '也'의 의미 연구, 『中國語文學論集』, 第104號, 서울, 中國語文學硏究會, 2017年 6月

金鉉哲 · 金原希　'N1+使+N2+V1+(N3)' 구문의 '피초래상황'에 대한 연구, 『中國語文學論集』, 第104號, 서울, 中國語文學硏究會, 2017年 6月

金鉉哲 · 崔桂花　'一拳VP'를 통해 살펴 본 '一量VP'의 발생기제 연구, 『中國語 敎育과 硏究』, 第25號, 서울, 韓國中國語敎育學會, 2017年 6月

김현철 · 장진개　현대중국어 'V/A+得+一+Nm+X' 구문의 하위분류와 '一'의 의미 분석, 『中國言語硏究』, 第70輯, 서울, 韓國中國言語學會, 2017年 6月

김현철 · 밍양양　現代漢語"好好兒+V"和韓語"잘+V"語義對比硏究, 『中國語文學論集』, 第107號, 서울, 中國語文學硏究會, 2017年 12月

김현철·풍　쟁	韓國學生介詞框架"在……上/下"習得硏究,『中國語 敎育과 硏究』, 第26號, 서울, 韓國中國語敎育學會, 2017年 12月
김현철·후문옥	현대중국어 주관소량 구문 'X不到哪裡去'에 대한 연구,『中國語文學論集』, 第107號, 서울, 中國語文學硏究會, 2017年 12月
김현태·王　濤	中國公民出境旅游安全及應對策略芻議 - "東方之星"沉船事件啓示與遐思,『中國學』, 第58輯, 부산, 大韓中國學會, 2017年 3月
金炫兌·金正勛	現代漢語中的有標記感嘆句考察 - 以副詞, 代詞爲標記的感嘆句中心,『中國學』, 第59輯, 부산, 大韓中國學會, 2017年 6月
김현태·마　징	淺談中韓文化交流的現狀, 問題与對策 - 以中國視角爲中心,『中國學』, 第60輯, 부산, 大韓中國學會, 2017年 9月
김형기·조대원	웨이신 공중계정에 대한 사례연구,『中國學論叢』, 第56輯, 大田, 韓國中國文化學會, 2017年 12月
김형석	『노자』'嗇'개념과 '早服'개념에 관한 주석사적 고찰 (2) - 宋學的 해석을 중심으로,『中國學報』, 第79輯, 서울, 韓國中國學會, 2017年 2月
김혜경	李梅窓과 柳如是의 한시 비교 연구, 경희대 대학원 석사논문, 2016
金惠經	李贄梅澹然事跡考,『中語中文學』, 第67輯, 서울, 韓國中語中文學會, 2017年 3月
김혜경	이탁오의 예 사상,『中國學報』, 第82輯, 서울, 韓國中國

學會, 2017年 11月

金惠連   말레이시아 화인과 말레이인의 종족관계 조사 연구, 『中
國學』, 第58輯, 부산, 大韓中國學會, 2017年 3月

김혜민   徐禎卿의 詩論과 詩, 서울대 대학원 석사 논문, 2016

김혜수   주자철학의 충서(忠恕) 개념 분석과 그 윤리학적 함의 고
찰, 『中國學報』, 第80輯, 서울, 韓國中國學會, 2017年 5月

김혜영   서양 개신교 선교사들의 중국어 성경 번역과 쉬운 문어체
의 의의, 『中國語文學』, 第76輯, 대구, 嶺南中國語文學
會, 2017年 12月

김혜준   시노폰 문학(Sinophone literature), 경계의 해체 또는 재획
정, 『中國現代文學』, 第80號, 서울, 韓國中國現代文學
學會, 2017年 1月

김혜준   시노폰 문학, 세계화문문학, 화인화문문학 - 시노폰 문학
(Sinophone literature) 주장에 대한 중국 대륙 학계의 긍정
과 비판, 『中國語文論叢』, 第80輯, 서울, 中國語文研究
會, 2017年 4月

김홍매 · 김승현   현대중국어 '到'와 '到X'의 인지적 의미 분석, 『中國語 敎
育과 硏究』, 第26號, 서울, 韓國中國語敎育學會, 2017年
12月

김홍실   "在+장소명사"와 방위사 "裏"의 제약관계에 대한 소고, 『
中國文學』, 第91輯, 서울, 韓國中國語文學會, 2017年
5月

김화진   淸末 해외유기의 음식 기록을 통해 본 인식 변화, 『中國
語文論叢』, 第82輯, 서울, 中國語文研究會, 2017年 8月

김효민	梁建植과 ≪西廂記≫ 小考,『中國語文論叢』, 第80輯, 서울, 中國語文硏究會, 2017年 4月
김효민	≪現譯西廂記≫의 改譯 양상과 의미,『中國語文論叢』, 第82輯, 서울, 中國語文硏究會, 2017年 8月
김효신	淸代『十三經注疏校勘記』의 편찬과 의의,『韓中言語文化硏究』, 第44輯, 서울, 韓國中國言語文化硏究會, 2017年 5月
김효영	중국 '소수민족영화' 연구를 위한 시론(試論),『中國學硏究』, 第81輯, 서울, 中國學硏究會, 2017年 8月
金孝珍·洪慧整·沈基恩	중국의 해외직접투자 유입과 수입의 관계 변화,『中國學』, 第58輯, 부산, 大韓中國學會, 2017年 3月
나 주	韓國學生漢語語篇語法銜接方式이余偏誤考察,『中國語文學』, 第75輯, 대구, 嶺南中國語文學會, 2017年 8月
羅度垣	『자전석요』식기 어휘 고찰,『中國學』, 第58輯, 부산, 大韓中國學會, 2017年 3月
나도원	缶와 瓦 부수자 어휘와 옹기 고찰,『中語中文學』, 第67輯, 서울, 韓國中語中文學會, 2017年 3月
羅敏球·崔香蘭	中國東北方言的社會語言學調査,『中國文化硏究』, 第38輯, 서울, 中國文化學硏究會, 2017年 11月
나민구·장금주	사회언어학적 관점에서 본 상하이어의 현황과 전망,『中國學報』, 第82輯, 서울, 韓國中國學會, 2017年 11月
나민구·박윤희	공자사상에 기반을 둔 중국 TV광고언어 분석,『中國學硏究』, 第82輯, 서울, 中國學硏究會, 2017年 11月
나민구·장금주	유덕화(劉德華) 강연 텍스트 "給世界一個微笑"의 수사학

적 분석,『中國言語硏究』, 第73輯, 서울, 韓國中國言語
學會, 2017年 12月

나일송·이상우 　基于語料庫的二詞型術語抽取硏究, 『中國人文科學』,
第65輯, 광주, 中國人文學會, 2017年 4月

남양우·이쌍검 　論漢語介詞句否定式的无標記否定焦點, 『中國言語硏
究』, 第68輯, 서울, 韓國中國言語學會, 2017年 2月

노경희 　庾信의 역사의식과 문학적 상상력 -「哀江南賦」論,『中
國學報』, 第79輯, 서울, 韓國中國學會, 2017年 2月

노남중·김계태 　중국의 문화전략 변천考,『中國文化硏究』, 第35輯, 서울,
中國文化硏究學會, 2017年 2月

노우정 　杜甫 詩의 '食'의 기능과 의미,『中國語文學志』, 第60輯,
서울, 中國語文學會, 2017年 9月

노은정 　宋詩에 나타난 楊貴妃의 형상 변화 연구,『中國語文論叢
』, 第80輯, 서울, 中國語文硏究會, 2017年 4月

노혜정 　음운 층위의 정의와 분석 방법(상),『中國語文論譯叢刊』,
第40輯, 서울, 中國語文論譯學會, 2017年 1月

단효홍·엄영욱·양승갑 　移民文學的認同感硏究 - 以奈保爾與高行健爲
例,『中國學論叢』, 第56輯, 大田, 韓國中國文化學會,
2017年 12月

도혜숙 　오대음의서 주음표기방식과 순음분화 고찰,『中國學論叢
』, 第55輯, 大田, 韓國中國文化學會, 2017年 9月

두　보·박선화 　중국 조선산업의 경쟁력 강화를 위한 산업정책변화 고찰,
『中國學』, 第60輯, 부산, 大韓中國學會, 2017年 9月

두　선 　조선후기와 명말의 사회 변화와 문학의 대응 양상 비교

	연구-≪청구야담≫과 '삼언(三言)' 소재 재화관련 이야기를 중심으로, 부산대 대학원 석사 논문, 2016
杜麗榮	≪說文解字≫"旁"字"闕"試考,『中國語文論叢』, 第80輯, 서울, 中國語文硏究會, 2017年 4月
두환룡	生存의 시각에서 본 孔子儒家文化 硏究, 성균관대 대학원 석사 논문, 2016
鄧 劍	游戲勞動及其主体詢喚-以≪王者榮耀≫爲線索, 『中語中文學』, 第70輯, 서울, 韓國中語中文學會, 2017年 12月
루시옹	한국어 교육을 위한 ≪중한성어사전(中韓成語詞典)≫ 표제어와 대역어 대응분석 연구 : 사자성어를 중심으로, 대구가톨릭대 대학원 석사 논문, 2016
류 창	韓日西湖詩的文學形象構建及其體現出的兩國文化心理,『中國人文科學』, 第65輯, 광주, 中國人文學會, 2017年 4月
류동춘	한국 대학생 한자 쓰기에 보이는 오류 연구-신문사설 속 한자어를 중심으로,『韓中言語文化硏究』, 第43輯, 서울, 韓國中國言語文化硏究會, 2017年 2月
류동춘 · 백은희	상주(商周)시기 부치사구의 어순과 기능의 변화 양상,『中國學報』, 第81輯, 서울, 韓國中國學會, 2017年 8月
류소진	≪六一詩話≫의 詩歌 引用 樣相,『中國語文學』, 第74輯, 대구, 嶺南中國語文學會, 2017年 4月
류소진	조선 문인 徐居正 詩의 蘇軾 수용 양상,『中國學報』, 第80輯, 서울, 韓國中國學會, 2017年 5月
류소진	조선 문인 徐居正의 생활 속에 투영된 蘇軾,『中國語文

學志』, 第60輯, 서울, 中國語文學會, 2017年 9月

류소진   丁若鏞의 유배 시기 和蘇詩에 나타난 심리적 기제, 『中國文學』, 第93輯, 서울, 韓國中國語文學會, 2017年 11月

류소진   丁若鏞의 시와 생활에 투영된 蘇軾, 『中國語文學』, 第76輯, 대구, 嶺南中國語文學會, 2017年 12月

류영하   방법으로서 '중국-홍콩체제', 『中國現代文學』, 第83號, 서울, 韓國中國現代文學學會, 2017年 10月

류재윤   柳宗元의 古賦硏究 - 謫居時의 作品을 中心으로 - , 『中國人文科學』, 第65輯, 광주, 中國人文學會, 2017年 4月

柳昌辰   1890-1910년대 한국 근대 매체 속에 투영된 타자로서의 중국 심상(心像) 연구, 『中國人文科學』, 第67輯, 광주, 中國人文學會, 2017年 12月

리 아   "수호전"의 조선어(한국어) 번역본에 대한 번역학 연구, 숭실대 대학원 석사 논문, 2016

리 징   ≪여사서(언해)≫ 이본 간의 언해 양상 비교 연구, 경상대 대학원 석사 논문, 2016

리우전   『紅樓夢』의 詩化에 대한 연구, 중앙대 대학원 석사 논문, 2016

리웨이웨이 · 장태원   出土文獻≪論語≫經文異文的文字學的考察, 『中國語文學志』, 第60輯, 서울, 中國語文學會, 2017年 9月

림문연 · 김선희   중국어 대칭구문의 의미구조 연구 - 구문 교체 양상을 중심으로 - , 『中國言語硏究』, 第69輯, 서울, 韓國中國言語學會, 2017年 4月

림문연	이동동사로 실현되는 '-로'구문의 중국어 대응형식 연구 - 의미구조의 통사적 구현을 중심으로 -,『中國言語研究』, 第72輯, 서울, 韓國中國言語學會, 2017年 10月
마 징·김현태	淺談中韓文化交流的現狀, 問題與對策 - 以中國視角爲中心,『中國學』, 第60輯, 부산, 大韓中國學會, 2017年 9月
마숙운	애정 전기 소설과 〈앵앵전〉 비교 연구, 가천대 대학원 석사 논문, 2016
맹주억·짱용웨이	現代漢語親屬稱謂名詞的類後綴化現象分析,『中國語文學』, 第75輯, 대구, 嶺南中國語文學會, 2017年 8月
孟柱億·徐睿振	影響韓中跨文化交際的文化因素的調査分析,『中國學研究』, 第81輯, 서울, 中國學研究會, 2017年 8月
孟春玲	基於教學評價的水原大學教養必修漢語課教學實態考察,『中國語文學論集』, 第105號, 서울, 中國語文學研究會, 2017年 8月
맹춘영	水原大學教養必修漢語課的教學評價問卷考察,『中國言語研究』, 第73輯, 서울, 韓國中國言語學會, 2017年 12月
명혜정	고려대장경(高麗大藏經) 내(內) 불경음의서(佛經音義書)의 『설문해자(說文解字)』 인용 유형분석,『中國言語研究』, 第73輯, 서울, 韓國中國言語學會, 2017年 12月
모정렬	廣東省 翁源 客家방언의 음운특성,『中國人文科學』, 第66輯, 광주, 中國人文學會, 2017年 8月
문관수	남송사대가(南宋四大家)의 애국시(愛國詩) 비교연구(比較研究),『中國學報』, 第82輯, 서울, 韓國中國學會, 2017年 11月

文有美	생활중국어 교과서에 나타나는 젠더 표현 양상 분석,『中國語 敎育과 硏究』, 第25號, 서울, 韓國中國語敎育學會, 2017年 6月
문유미	현대중국어 'V 個 X'구문에서 '個'의 語法化 연구,『中國語文學論集』, 第107號, 서울, 中國語文學硏究會, 2017年 12月
문정진 · 吳慶禧	岳刻本 ≪西廂記≫의 출판 환경과 출판 기획,『中國小說論叢』, 第51輯, 서울, 韓國中國小說學會, 2017年 4月
문철주 · 김주원	중국 요우커(游客youke)의 문화적 동기와 방문충성도에 관한 연구,『中國學論叢』, 第56輯, 大田, 韓國中國文化學會, 2017年 12月
文貞惠	텍스트 범주에 기초한 현대중국어문법교육 小考,『中國語文學論集』, 第102號, 서울, 中國語文學硏究會, 2017年 2月
문정혜	텍스트 범주에서의 중국어 작문 교육 고찰(考察) - 제 2 언어에서의 중 · 고급 중국어 작문교육을 중심으로,『中國言語硏究』, 第68輯, 서울, 韓國中國言語學會, 2017年 2月
문준혜	≪육서경위(六書經緯)≫의 문자학적 가치에 대한 연구,『中國語文學志』, 第58輯, 서울, 中國語文學會, 2017年 4月
文炫善	劉震雲 소설의 서사 변용 연구,『中國小說論叢』, 第52輯, 서울, 韓國中國小說學會, 2017年 8月
민경욱	『朱熹的歷史世界』의 서술 구조와 논증 방식에 대하여,『中語中文學』, 第67輯, 서울, 韓國中語中文學會, 2017年

	3月
민경욱	陳寅恪 '詩史互證' 論考 譯注 (1) - 庾信 <哀江南賦> 二種, 『中國語文論叢』, 第80輯, 서울, 中國語文硏究會, 2017年 4月
민경욱	진인각(陳寅恪)과의 영향 관계로 본 여영시(余英時)의 학문 세계 - ≪朱熹的歷史世界)≫의 학술사적 계보 탐색을 중심으로, 『中國語文學志』, 第58輯, 서울, 中國語文學會, 2017年 4月
민재홍	현대 중국어 겸어문 변별과 겸어문 오류 원인 분석, 『中國言語硏究』, 第68輯, 서울, 韓國中國言語學會, 2017年 2月
민재홍	중국어와 한국 한자어 同形 낱말 비교 연구, 『中國語 敎育과 硏究』, 第26號, 서울, 韓國中國語敎育學會, 2017年 12月
민정기	【역해】 귀츨라프 : 세 번째 중국연안 항해의 기록 (1), 『中國語文論譯叢刊』, 第41輯, 서울, 中國語文論譯學會, 2017年 7月
밍양양 · 김현철	現代漢語 "好好兒+V" 和韓語 "잘+V" 語義對比硏究, 『中國語文學論集』, 第107號, 서울, 中國語文學硏究會, 2017年 12月
박 석	수양론의 관점으로 보는 "人不知而不慍"의 재해석, 『中國文學』, 第90輯, 서울, 韓國中國語文學會, 2017年 2月
박계성	위대한 ≪중국, 중국인≫ : 린위탕 스타일 - 상호보완으로서의 유교와 도교 -, 『中國語文學』, 第76輯, 대구, 嶺南中國語文學會, 2017年 12月

박교리	중국어 고급단계 학습자의 존재표현 사용현황 연구 - 'NP1+V/着/了+NP2'구조를 중심으로, 『中國言語硏究』, 第73輯, 서울, 韓國中國言語學會, 2017年 12月
朴奎貞	방언간 '입성운미(入聲韻尾)'의 차이에 관한 소고 : 메이셴 방언(梅縣話), 푸칭 방언(福淸話), 베이징 방언(北京話) 을 대상으로, 『中國學』, 第61輯, 부산, 大韓中國學會, 2017年 12月
박남용	화문시(華文詩)의 민족, 도시 상상과 문화적 정체성 연구 - 타이완을 중심으로, 『中國學硏究』, 第79輯, 서울, 中國 學硏究會, 2017年 3月
박노종	20세기 초 중국유학생 잡지를 통한 '문사(文士)' 의식의 변 화 고찰 - 루쉰(魯迅)의 일본 유학시기를 중심으로, 『中國 學』, 第60輯, 부산, 大韓中國學會, 2017年 9月
朴魯宗	중국의 종교교육과 종교학교, 『中國學』, 第61輯, 부산, 大 韓中國學會, 2017年 12月
박덕준	접속사유의어 '不過, 就是, 只是' 연구, 『中國語文學志』, 第60輯, 서울, 中國語文學會, 2017年 9月
朴珉秀	개혁개방 이후 중국영화에서 나타나는 하위계층의 재현 양상 연구, 『中國學』, 第61輯, 부산, 大韓中國學會, 2017 年 12月
朴敏雄	A Comparative Study on Liu Yuxi's Biographies - focused on the Old and New Tang Histories, 『中國學』, 第61輯, 부산, 大韓中國學會, 2017年 12月
朴敏浚 · 顔玉君	常用詞"甘", "甛"歷時演變與興替硏究, 『中國語文學論

集』, 第105號, 서울, 中國語文學硏究會, 2017年 8月

朴敏浚 · 袁毓林　漢語反事實條件句的形態特徵,『中國語文學論集』, 第
106號, 서울, 中國語文學硏究會, 2017年 10月

박민호　1980년대 초 중국의 '소설 현대화' 논의와 그 한계,『中國
現代文學』, 第80號, 서울, 韓國中國現代文學學會, 2017
年 1月

박민호　왕쉬(王朔) 창작에 대한 '다위안(大院)'의 영향과 왕쉬의
대중문화관,『中國文學硏究』, 第66輯, 서울, 韓國中文學
會, 2017年 2月

박민호　미디어적 관점에서 본 중국 인터넷문학 담론의 전개 양상
과 그 과제,『中語中文學』, 第67輯, 서울, 韓國中語中文
學會, 2017年 3月

박민호 · 박은혜　중국의 셜록 홈스 시리즈 수용과 청샤오칭(程小靑) 탐정
소설 속 '휘쌍(霍桑)' 캐릭터 연구,『中國文學硏究』, 第67
輯, 서울, 韓國中文學會, 2017年 5月

박민호　'이미지 읽기 시대'(讀圖時代)의 문화 상황과 '문자-이미
지'의 관계 정립을 위한 소고,『中語中文學』, 第69輯, 서
울, 韓國中語中文學會, 2017年 9月

박병선 · 박용진 · 서진현　≪五天竺國傳≫ 校勘(5),『中國語文論譯叢刊』,
第40輯, 서울, 中國語文論譯學會, 2017年 1月

박복재 · 조원일　중국과 동남아시아국가연합의 상호관계에 대한 연구-
1990년대를 중심으로,『中國學論叢』, 第53輯, 大田, 韓
國中國文化學會, 2017年 3月

박봉순 · 정인숙　중국 고문 교수법 방안 연구-스토리텔링 기법을 활용한

	"大學"읽기, 『中國學論叢』, 第56輯, 大田, 韓國中國文化學會, 2017年 12月
朴富慶	鄭板橋의 寫竹論 硏究, 『中國語文學論集』, 第105號, 서울, 中國語文學硏究會, 2017年 8月
박부경	鄭板橋의 破格書 硏究 - 六分半書를 중심으로, 『中國語文學論集』, 第107號, 서울, 中國語文學硏究會, 2017年 12月
朴商道	VECM 모형을 통한 중국 무역과 유가증권지수의 상호영향력 변화연구, 『中國學』, 第58輯, 부산, 大韓中國學會, 2017年 3月
朴商道	中國創客政策的社會影響硏究 - 基于大數据分析, 『中國學』, 第61輯, 부산, 大韓中國學會, 2017年 12月
박선화 · 두 보	중국 조선산업의 경쟁력 강화를 위한 산업정책변화 고찰, 『中國學』, 第60輯, 부산, 大韓中國學會, 2017年 9月
박성하	현대중국어 유의어 의미구분을 위한 도식화 교수법 연구, 『中國語文學』, 第74輯, 대구, 嶺南中國語文學會, 2017年 4月
박성하	현대중국어에서 '가능성(possibility)'을 나타내는 양태조동사의 오류분석 및 교학 방안 연구, 『中國言語硏究』, 第70輯, 서울, 韓國中國言語學會, 2017年 6月
박성하 · 박은석 · 유현조	중국 지역 내 중국-티베트 언어의 소유구성 연구, 『中國學報』, 第82輯, 서울, 韓國中國學會, 2017年 11月
박성희	중국어 교과서 『最新華語敎科書』와 『中國語讀本』의 어휘 연구, 이화여대 교육대학원 석사 논문, 2016

朴昭賢	새로운 중국문학사를 위한 제언,『中國語文學論集』, 第103號, 서울, 中國語文學硏究會, 2017年 4月
박순철	頤齋 黃胤錫의 ≪周易≫詩 硏究,『中國學論叢』, 第55輯, 大田, 韓國中國文化學會, 2017年 9月
박신순 역·진 평 저	현대 중국어 시간 체계의 3원 구조,『中國語文學』, 第75輯, 대구, 嶺南中國語文學會, 2017年 8月
박신순	'正'의 진행의미 재고 - '在'와의 비교를 통하여,『中國言語硏究』, 第72輯, 서울, 韓國中國言語學會, 2017年 10月
박여진	『중국어 회화Ⅰ,Ⅱ』의 어기조사 '嗎, 吧, 呢'분석 및 지도방안 연구, 이화여대 교육대학원 석사 논문, 2016
박연주	소설『許三觀賣血記』와 영화〈허삼관〉서사 비교 연구, 한국외대 대학원 석사 논문, 2016
薄迎迎·張學城	≪楚辭疏≫訓詁硏究,『中國語文學論集』, 第106號, 서울, 中國語文學硏究會, 2017年 10月
박영종	중국 코퍼스 및 인터넷을 이용한 중한사전 표제어의 적합성 연구 - D2를 중심으로,『中國學論叢』, 第56輯, 大田, 韓國中國文化學會, 2017年 12月
朴永煥	魯認≪錦溪日記≫裏的交游詩考,『中國語文學志』, 第61輯, 서울, 中國語文學會, 2017年 12月
박영희	여성 젠더(gender)적 시각으로 본 ≪詩集傳≫〈國風〉註釋의 논리구조와 서술기법 - 〈詩序〉와의 비교를 중심으로 -,『中國語文學志』, 第60輯, 서울, 中國語文學會, 2017年 9月
박용진·박병선·서진현	≪往五天竺國傳≫ 校勘 (5),『中國語文論譯叢

刊』, 第40輯, 서울, 中國語文論譯學會, 2017年 1月

| 박용진 | ≪往五天竺國傳≫ 校勘 (6),『中國語文論譯叢刊』, 第41 輯, 서울, 中國語文論譯學會, 2017年 7月 |

박용진 　　중국어 교육의 관점으로 설계한 중국어 품사체계 연구 - 모국어가 한국어인 중국어 학습자 중심으로 - , 『中國語 敎育과 硏究』, 第26號, 서울, 韓國中國語敎育學會, 2017 年 12月

박윤희 · 나민구 　공자사상에 기반을 둔 중국 TV광고언어 분석, 『中國學硏 究』, 第82輯, 서울, 中國學硏究會, 2017年 11月

박원기 　　≪史記≫ 致使性 겸어구문의 확정 및 분류 문제 고찰, 『 中國語文論叢』, 第81輯, 서울, 中國語文硏究會, 2017年 6月

박원기 　　≪史記≫ 致使性 겸어구문의 구문론적 해석, 『中國語文 論叢』, 第83輯, 서울, 中國語文硏究會, 2017年 10月

박원재 　　존재의 변화 혹은 삶의 변용 : 노장철학의 문맥에서 본 장 자 실천론의 특징 - 노장철학의 문맥에서 본 장자 실천론 의 특징, 『中國學報』, 第79輯, 서울, 韓國中國學會, 2017 年 2月

박은경 　　四柱의 기원에 관한 인문학적 고찰, 『中國學』, 第58輯, 부산, 大韓中國學會, 2017年 3月

박은석 　　현대 표준 중국어의 술보형 사동 연속체 - 허사격리술보형 사동, 목적어격리술보형 사동, 비분리술보형 사동 연구, 『 中國語文學志』, 第59輯, 서울, 中國語文學會, 2017年 6月

박은석 · 박성하 · 유현조　중국 지역 내 중국 - 티베트 언어의 소유구성 연구,

	『中國學報』, 第82輯, 서울, 韓國中國學會, 2017年 11月
박은혜 · 박민호	중국의 셜록 홈스 시리즈 수용과 청샤오칭(程小青) 탐정 소설 속 '훠쌍(霍桑)' 캐릭터 연구,『中國文學硏究』, 第67輯, 서울, 韓國中文學會, 2017年 5月
朴應哲	현대중국어 요가텍스트의 인지적 분석,『中國語文學論集』, 第103號, 서울, 中國語文學硏究會, 2017年 4月
朴應哲	현대중국어 방위 '前後左右'의 확정기제에 대한 인지적 분석,『中國語文學論集』, 第106號, 서울, 中國語文學硏究會, 2017年 10月
박재승 · 신주현	의무 양태 표지에 대한 연구 - '행위 통제권'과 '행위 결정권'을 중심으로,『中國學硏究』, 第80輯, 서울, 中國學硏究會, 2017年 6月
박재승	의무 양태 동사 '得'의 변별적 기능에 관한 연구,『中國學報』, 第82輯, 서울, 韓國中國學會, 2017年 11月
박재승	양태동사 '會'의 기능 연구,『中國學硏究』, 第82輯, 서울, 中國學硏究會, 2017年 11月
박재연	새로 발굴된 번역소설 필사본『후셔유긔』에 대하여,『中國文化硏究』, 第38輯, 서울, 中國文化硏究學會, 2017年 11月
박정구 · 강병규 · 유수경	언어유형론적 관점에 입각한 기점 표시 부사사의 의미지도 연구 - 중국어 방언 분석을 중심으로,『中國言語硏究』, 第71輯, 서울, 韓國中國言語學會, 2017年 8月
박정숙 · 권호종 · 황영희 · 이기훈 · 신민야 · 이봉상	≪靑樓韻語≫의 經文과 原註에 대한 譯解 (4),『中國語文論譯叢刊』,

第41輯, 서울, 中國語文論譯學會, 2017年 7月

| 박정원 | 제4차 산업혁명시대 중국문화 데이터 아카이브 현황과 시각화, 서비스 모듈 연구, 『中國學報』, 第80輯, 서울, 韓國中國學會, 2017年 5月 |

박정원   제4차 산업혁명시대 중국어 정보 데이터 시각화와 서비스 플랫폼, 『中國言語研究』, 第71輯, 서울, 韓國中國言語學會, 2017年 8月

박종한·이연숙·이미경·이강재·손남호·김석영·감나래·신원철   현행 중등 중국어 교과서의 문화요소에 대한 연구, 『中國文學』, 第92輯, 서울, 韓國中國語文學會, 2017年 8月

박준수   唐宋散文選集의 體系와 內容 研究 - ≪古文關鍵≫ 選文과 評點을 중심으로, 『中國語文論叢』, 第81輯, 서울, 中國語文研究會, 2017年 6月

박지영   'V雙+在+了+NP'구문의 결합관계 연구, 『中國學報』, 第81輯, 서울, 韓國中國學會, 2017年 8月

박찬욱   한어의 위계 변화, 『中國語文論譯叢刊』, 第40輯, 서울, 中國語文論譯學會, 2017年 1月

朴贊旭   블렌디드 방식의 중국어 회화수업에 대한 재고, 『中國語文學論集』, 第104號, 서울, 中國語文學研究會, 2017年 6月

박찬욱   중국언어학 교육을 위한 전자교재에 대한 구상 시론, 『中國文化研究』, 第37輯, 서울, 中國文化研究學會, 2017年 8月

朴贊旭   한·중 호칭의 실제와 규범 간 양적 비교 분석과 교육적 함의 고찰 : 일반 식당에서의 "여/저기요"와 "帥哥/美女"

<table>
<tr><td></td><td>를 중심으로,『中國學』, 第61輯, 부산, 大韓中國學會, 2017年 12月</td></tr>
<tr><td>박향란</td><td>중국어 관계절의 유형 변천,『中國言語硏究』, 第72輯, 서울, 韓國中國言語學會, 2017年 10月</td></tr>
<tr><td>朴炫坤</td><td>『三俠五義』 삽입식 서사구조의 특징과 설정된 원인,『中國語文學論集』, 第105號, 서울, 中國語文學硏究會, 2017年 8月</td></tr>
<tr><td>朴賢珠</td><td>갑골문에서 본의와 인신의, 가차의 고찰,『中國語文學論集』, 第106號, 서울, 中國語文學硏究會, 2017年 10月</td></tr>
<tr><td>박혜경</td><td>李賀 詩의 音樂的 특성과 樂府詩에 대한 고찰,『中國語文論譯叢刊』, 第40輯, 서울, 中國語文論譯學會, 2017年 1月</td></tr>
<tr><td>박혜경</td><td>李賀 樂府의 이전시기 樂府에 대한 수용과 변형에 관한 분석,『中國文學硏究』, 第66輯, 서울, 韓國中文學會, 2017年 2月</td></tr>
<tr><td>박혜경</td><td>≪唐詩三百首≫의 選詩 경향과 詩論的 배경,『中國文學硏究』, 第69輯, 서울, 韓國中文學會, 2017年 11月</td></tr>
<tr><td>박혜정</td><td>도연명 사언시 연원 연구, 충북대 대학원 석사 논문, 2016</td></tr>
<tr><td>박홍준</td><td>明淸代 戲曲理論의 展開와 李漁의『閒情偶寄』,『中國學報』, 第79輯, 서울, 韓國中國學會, 2017年 2月</td></tr>
<tr><td>박홍준</td><td>柳永詞와 宋代 都市文化,『中國文學』, 第93輯, 서울, 韓國中國語文學會, 2017年 11月</td></tr>
<tr><td>박화염 · 한용수</td><td>漢韓"眼/目"類詞的語義取象分析,『中國文化硏究』, 第35輯, 서울, 中國文化硏究學會, 2017年 2月</td></tr>
</table>

박홍수·고은미   인터넷 신조어'被XX'고찰 - '詞語模(단어틀)' 이론을 중심
으로 - ,『韓中言語文化硏究』, 第43輯, 서울, 韓國中國
言語文化硏究會, 2017年 2月

박홍수·LU MENG   從"X狗"看"狗"的類詞綴化傾向, 『中國學硏究』,
第79輯, 서울, 中國學硏究會, 2017年 3月

朴興洙·閏慧娟   漢韓親屬稱謂語"哥(오빠/형)"的泛化對比及跨文化硏
究,『中國文化硏究』, 第36輯, 서울, 中國文化硏究學會,
2017年 5月

박홍수·짱용웨이   "X控"族新詞探析,『中國學報』, 第80輯, 서울, 韓國中國
學會, 2017年 5月

朴興洙·Yan, Hui-juan   淺析"晒X"的類詞綴化現象,『中國學硏究』, 第
81輯, 서울, 中國學硏究會, 2017年 8月

박홍수·제윤지   준접사 '客'에 대한 연구,『韓中言語文化硏究』, 第45輯,
서울, 韓國中國言語文化硏究會, 2017年 8月

박홍수·최향란   중국어의 만주어 차용어 연구,『中國學』, 第60輯, 부산,
大韓中國學會, 2017年 9月

박희선   老舍의 단편소설 ≪斷魂槍≫과 희곡 ≪五虎斷魂槍≫ 비
교 연구,『中國小說論叢』, 第52輯, 서울, 韓國中國小說
學會, 2017年 8月

반연명   한·중 몽자류 소설 비교 연구 :『구운몽』과『홍루몽』을 중
심으로, 신라대 대학원 석사 논문, 2016

배다니엘   『全唐詩』에 나타난 모란꽃 묘사 분석,『韓中言語文化硏
究』, 第44輯, 서울, 韓國中國言語文化硏究會, 2017年 5月

배다니엘   中唐 朱慶餘 시가의 주제 분석,『韓中言語文化硏究』,

	第45輯, 서울, 韓國中國言語文化硏究會, 2017年 8月
배다니엘	晩唐 羅鄴의 영물시 고찰, 『中國學硏究』, 第82輯, 서울, 中國學硏究會, 2017年 11月
배다니엘	중국 고전시에 나타난 매화 묘사 분석, 『韓中言語文化硏究』, 第46輯, 서울, 韓國中國言語文化硏究會, 2017年 11月
배도임	린리밍의 『아Q후전』 속의 '식인' 주제 읽기, 『韓中言語文化硏究』, 第46輯, 서울, 韓國中國言語文化硏究會, 2017年 11月
배병균	蒲松齡과 세 명의 張鴻漸, 『中國文學』, 第93輯, 서울, 韓國中國語文學會, 2017年 11月
배우정	국내 소장된 ≪西漢演義≫의 서지학적 고찰 ≪西漢演義≫의 "中國版本"을 중심으로, 『中國小說論叢』, 第53輯, 서울, 韓國中國小說學會, 2017年 12月
배은한	中國語 音韻體系 변화 과정에 반영된 撮口呼의 형성 과정 연구, 『中國文學硏究』, 第66輯, 서울, 韓國中文學會, 2017年 2月
백광준	19세기 초 서양 근대 지식의 중국 전파 - 'Society for the Diffusion of Useful Knowledge in China'를 중심으로 -, 『中國文學』, 第91輯, 서울, 韓國中國語文學會, 2017年 5月
백광준	The Chinese Repository, 3권 3호(1834) 역주 및 해제, 『中國語文論譯叢刊』, 第41輯, 서울, 中國語文論譯學會, 2017年 7月
백광준	요내(姚鼐)의 고민 톺아보기 - '동성문파(桐城文派)'에 대한 검토 -, 『中國語文學』, 第75輯, 대구, 嶺南中國語文

學會, 2017年 8月

백남권   선진 유가의 사회복지 사상: 맹자를 중심으로, 한국방송
통신대 대학원 석사 논문, 2016

백영길   陳映眞 ≪萬商帝君≫의 종교성 - 기독교 담론의 굴절과
세속화, 『中國語文論叢』, 第83輯, 서울, 中國語文硏究
會, 2017年 10月

백영선   路遙의 『平凡的世界』에 나타난 陝北 민속문화 고찰, 『中
國學』, 第58輯, 부산, 大韓中國學會, 2017年 3月

백은희   유형학적 관점에서 본 고대 중국어 관계절의 어순과 기능
특징 - '소(所)' 관계절과 '자(者)' 관계절을 대상으로 - , 『
中國言語硏究』, 第68輯, 서울, 韓國中國言語學會, 2017
年 2月

백은희 · 류동춘   상주(商周)시기 부치사구의 어순과 기능의 변화 양상, 『
中國學報』, 第81輯, 서울, 韓國中國學會, 2017年 8月

백지훈 · 郭興燕   "NP+容易/難+V"中"容易", "難"的詞性探討, 『中國學硏
究』, 第81輯, 서울, 中國學硏究會, 2017年 8月

백지훈   '結果' 문법화 소고, 『中國學』, 第60輯, 부산, 大韓中國學
會, 2017年 9月

백효동   조건 · 가정 연결 어미 '-거든'의 통시적 변화 유형에 대한
연구: 『소학』 · 『삼강행실도』 · 『노걸대』 · 『박통사』 이본 자
료를 중심으로, 단국대 대학원 석사 논문, 2016

范晨星   韓中"同形異義"漢字詞意義差異對比研究, 『中語中文
學』, 第68輯, 서울, 韓國中語中文學會, 2017年 6月

변성규   槪念隱喩視角下的溫庭筠詞, 『中國學報』, 第80輯, 서울,

	韓國中國學會, 2017年 5月
봉인영	딩링의 '위안부' 서사, 타자화된 감정과 여성 임파워먼트, 『中國語文學志』, 第59輯, 서울, 中國語文學會, 2017年 6月
봉인영	Contesting the Regime of the Red : The Rhetoric of Love and the Cultural Revolution in Under the Hawthorn Tree, 『中國語文學志』, 第61輯, 서울, 中國語文學會, 2017年 12月
부례군	主題復現與情節圖式 : ≪醒世姻緣傳≫的結構詩學, 『中國語文論叢』, 第84輯, 서울, 中國語文硏究會, 2017年 12月
부유훼	莫言『붉은 수수밭』과 朴婉緖『그 많던 싱아는 누가 다 먹었을까』 비교연구 : 소설에 나타난 전쟁시기의 모친이미지, 명지대 대학원 석사 논문, 2016
빈미정	李商隱 詩의 신화적 이미지 고찰, 『中國文學硏究』, 第69輯, 서울, 韓國中文學會, 2017年 11月
사 례	NSM에 기반한 한·중 分離동사의 의미 분석 - '찢다'/'뜯다'와 '撕'의 대조를 중심으로 -, 『中國言語硏究』, 第72輯, 서울, 韓國中國言語學會, 2017年 10月
사위국	從"V₁ 不V₂"連謂結構的存在特征看其來源與發展, 『中國言語硏究』, 第69輯, 서울, 韓國中國言語學會, 2017年 4月
사위국	從三個平面看≪齊民要術≫連謂結構的特徵, 『中國言語硏究』, 第72輯, 서울, 韓國中國言語學會, 2017年 10月
謝衛菊·李宇哲	≪史記≫帶賓連謂結構的特徵和發展硏究, 『中國文化硏究』, 第38輯, 서울, 中國文化硏究學會, 2017年 11月

謝衛菊·李宇哲	主謂句完句過程中体現出的有界性特徵,『中語中文學』, 第70輯, 서울, 韓國中語中文學會, 2017年 12月
사위국	從三個平面看≪齊民要術≫"形容詞+動詞"結构的特徵,『中國語文學』, 第76輯, 대구, 嶺南中國語文學會, 2017年 12月
샤오스위	영화『홍등』과 소설『처첩성군』의 비교연구, 동양대 대학원 석사 논문, 2016
서 성·조성천	악각본『서상기』삽화의 특징과 표현 효과,『中國文化研究』, 第38輯, 서울, 中國文化研究學會, 2017年 11月
徐慶文	民國孔道的理解維度與儒學的發展理路,『中國學』, 第59輯, 부산, 大韓中國學會, 2017年 6月
徐苗苗·金明子	CPT考試中商務話語的体裁及其測試維度分析, 『中國學』, 第59輯, 부산, 大韓中國學會, 2017年 6月
徐寶余	≪陌上桑≫故事主題及源流攷辨,『中國人文科學』, 第66輯, 광주, 中國人文學會, 2017年 8月
徐錫興	중국 자동차 합자기업의 지분제한 해제 논의와 전망,『中國學』, 第58輯, 부산, 大韓中國學會, 2017年 3月
徐新偉	≪商務漢語常用詞語表≫數據分析及改進建議, 『中國學』, 第58輯, 부산, 大韓中國學會, 2017年 3月
서연주	≪掛枝兒≫와 ≪山歌≫에 나타난 부부의 형상과 馮夢龍의 모순적 태도,『中國文學』, 第90輯, 서울, 韓國中國語文學會, 2017年 2月
徐睿振·孟柱億	影響韓中跨文化交際的文化因素的調查分析,『中國學研究』, 第81輯, 서울, 中國學研究會, 2017年 8月

서용준	악부시 〈烏夜啼〉와 〈烏棲曲〉의 계승과 변화에 대한 연구 - 唐代부터를 중심으로 -, 『中國語文學』, 第74輯, 대구, 嶺南中國語文學會, 2017年 4月
서용준	杜甫의 漢詩 〈登岳陽樓〉의 연구 - 시의 공간적 배경인 洞庭湖를 중심으로, 『中國語文論叢』, 第83輯, 서울, 中國語文研究會, 2017年 10月
서유진	이 계절의 책, 『中國現代文學』, 第80號, 서울, 韓國中國現代文學學會, 2017年 1月
서유진	과학소설의 사실주의 실험, 『中語中文學』, 第67輯, 서울, 韓國中語中文學會, 2017年 3月
서윤정	두 도시 중산층 이야기 - 박완서의 『도시의 흉년』과 류전윈(劉震云)의 『핸드폰(手机)』비교, 『中國學研究』, 第80輯, 서울, 中國學研究會, 2017年 6月
서원남 · 한 승	중국어 '줍다류 어휘의 역사적 변천과정 - '撿'이 '拾'을 교체한 과정을 중심으로 -, 『中國文學研究』, 第69輯, 서울, 韓國中文學會, 2017年 11月
서재선	한대 문자 와당의 자형 탐구, 『中國文學研究』, 第68輯, 서울, 韓國中文學會, 2017年 8月
서진현 · 박병선 · 박용진	《往五天竺國傳》 校勘 (5), 『中國語文論譯叢刊』, 第40輯, 서울, 中國語文論譯學會, 2017年 1月
서한용	『전결가(篆訣歌)』의 예변(隸變) 분석에 대한 고찰: 자형(字形)의 합병(合倂)을 중심으로 (1), 『中國語文學』, 第74輯, 대구, 嶺南中國語文學會, 2017年 4月
서한용	廣雅疏證의 '視'義字 訓詁에 대한 고찰, 『中國文化研究

』, 第36輯, 서울, 中國文化硏究學會, 2017年 5月

서한용 　訓詁에 보이는 '始'義 同源字에 대한 고찰 - 〈廣雅疏證〉
　　　　　을 중심으로,『中國學硏究』, 第80輯, 서울, 中國學硏究
　　　　　會, 2017年 6月

성근제 　1980년대 중국문학사 서술의 맹점,『中國現代文學』, 第
　　　　　81號, 서울, 韓國中國現代文學學會, 2017年 4月

成耆恩 　중한 동작분류사의 주관성 비교 연구,『中國語文學論集
　　　　　』, 第102號, 서울, 中國語文學硏究會, 2017年 2月

성옥례 · 이현복 　좌익문학의 역사적 정의와 그 상상,『中國語文論叢』, 第
　　　　　79輯, 서울, 中國語文硏究會, 2017年 2月

성옥례 　혁명문학논쟁과 루쉰의 혁명문학관,『中國語文論叢』, 第
　　　　　80輯, 서울, 中國語文硏究會, 2017年 4月

成紅舞 　罪與罰之間及之外 - 文革文學的反思路徑之反思 - ,『
　　　　　韓中言語文化硏究』, 第44輯, 서울, 韓國中國言語文化
　　　　　硏究會, 2017年 5月

蘇　杭 · 崔宇錫 　從道教《太上一乘海空智藏經》看唐代佛, 道的融突,『
　　　　　中國人文科學』, 第67輯, 광주, 中國人文學會, 2017年 12月

소국봉 　중국 드라마 《僞裝者》의 중한 자막번역 연구, 영남대
　　　　　대학원 석사 논문, 2016

소대평 　金聖嘆《水滸傳》批評中的龍虎意象, 『中國語文學』,
　　　　　第74輯, 대구, 嶺南中國語文學會, 2017年 4月

肖大平 　淸代戱曲《雲石會》中人物原型考論,『中國語文論叢』,
　　　　　第83輯, 서울, 中國語文硏究會, 2017年 10月

소대평 　論《水滸傳》中打斗場面的描寫藝術, 『中國語文學』,

第76輯, 대구, 嶺南中國語文學會, 2017年 12月

肖大平　　　論淸代戱曲《雲石會》的藝術特徵,『中國人文科學』,
　　　　　　第67輯, 광주, 中國人文學會, 2017年 12月

소민정·김석영·감나래·신원철·손남호·이강재·이연숙·이미경　　중국
　　　　　　어 교재 평가 체크리스트 개발 연구,『中國語 敎育과 硏
　　　　　　究』, 第25號, 서울, 韓國中國語敎育學會, 2017年 6月

소은희　　　關于韓國日据時期 1910-30年代 夜校, 講習會与漢語敎
　　　　　　育的考察,『韓中言語文化硏究』, 第43輯, 서울, 韓國中
　　　　　　國言語文化硏究會, 2017年 2月

孫　淇　　　漢語繪本閱讀課敎學效果硏究,『中國學』, 第58輯, 부산,
　　　　　　大韓中國學會, 2017年 3月

손남호·김석영·감나래·신원철·이강재·이연숙·이미경 중국 출판 현대
　　　　　　중국어 교재의 시기별 현황과 특징 연구,『中國言語硏究
　　　　　　』, 第69輯, 서울, 韓國中國言語學會, 2017年 4月

손남호·소민정·김석영·감나래·신원철·이강재·이연숙·이미경　　중국
　　　　　　어 교재 평가 체크리스트 개발 연구,『中國語 敎育과 硏究
　　　　　　』, 第25號, 서울, 韓國中國語敎育學會, 2017年 6月

손남호·김석영·감나래·신원철·이강재·이미경·이연숙·박종한　　현행
　　　　　　중등 중국어 교과서의 문화요소에 대한 연구,『中國文學
　　　　　　』, 第92輯, 서울, 韓國中國語文學會, 2017年 8月

손다옥·옥효광　　眞値語義相同下的"才"和"就"之比較,『中國人文科學』,
　　　　　　第65輯, 광주, 中國人文學會, 2017年 4月

孫美莉　　　試論韓語母語者漢語普通名詞的缺失偏誤及其判定,『
　　　　　　中國語文學論集』, 第105號, 서울, 中國語文學硏究會,

2017年 8月

| 손미령 | 王蒙 詩의 主題 研究,『中國學論叢』, 第54輯, 大田, 韓國中國文化學會, 2017年 6月 |

손정애 · 유　위　한국인학습자의 중국어동사 "有" 사용상의 오류 분석: 첨가와 누락의 오류를 중심으로,『中國文學』, 第93輯, 서울, 韓國中國語文學會, 2017年 11月

손조도　송강가사와 초사(楚辭)의 대비연구, 창원대 대학원 석사논문, 2016

손주연　CCTV 다큐멘터리에 내재된 중국의 문화민족주의 - ≪와이탄(外灘)≫을 중심으로,『中國語文論譯叢刊』, 第41輯, 서울, 中國語文論譯學會, 2017年 7月

손흥봉　教育信息化背景下中國大學內涵式發展策略研究,『中國人文科學』, 第65輯, 광주, 中國人文學會, 2017年 4月

송경애　『虞初新志』 작품 속의 狂人 형상 연구,『中國學』, 第60輯, 부산, 大韓中國學會, 2017年 9月

송경애　張潮의 ≪心齋聊復集≫研究,『中國學論叢』, 第56輯, 大田, 韓國中國文化學會, 2017年 12月

宋東盈　중국신화학에서 유가의 위상과 전용(轉用),『中國語文學論集』, 第102號, 서울, 中國語文學研究會, 2017年 2月

송시황 · 耿　直　중국어 대표중모음과 변이음 ,『中國語 敎育과 研究』, 第25號, 서울, 韓國中國語敎育學會, 2017年 6月

송연옥　'동화적 환상'으로 본 周星馳의『美人魚』,『中國文化研究』, 第37輯, 서울, 中國文化研究學會, 2017年 8月

송용호 · 전명용　『손자병법』·『노자』의 동질성과 그 현실적 운용 연구,『

	中國學硏究』, 第80輯, 서울, 中國學硏究會, 2017年 6月
송인재	중국철학사의 근현대 서술에 대한 성찰과 제언, 『中國學硏究』, 第81輯, 서울, 中國學硏究會, 2017年 8月
송정화·이승신·채수민	≪萬曆野獲編·士人≫ 飜譯 및 註釋 (2), 『中國語文論叢』, 第79輯, 서울, 中國語文硏究會, 2017年 2月
송정화	영화 ≪美人魚≫ : 경전의 해체와 낯설게 하기, 『中國語文論叢』, 第82輯, 서울, 中國語文硏究會, 2017年 8月
송정화	≪서유기(西游記)≫ : 재구성된 이역(異域), 『中國文學硏究』, 第69輯, 서울, 韓國中文學會, 2017年 11月
송지현	그림과 낙서를 활용한 중국어 교육, 『中國言語硏究』, 第68輯, 서울, 韓國中國言語學會, 2017年 2月
송지현	중국어 문화소통능력 제고를 위한 제언 - 호칭과 인사법을 중심으로, 『中國學』, 第60輯, 부산, 大韓中國學會, 2017年 9月
송해경	당·송대 餠茶와 團茶제다법 비교연구 (Ⅰ), 『中國人文科學』, 第65輯, 광주, 中國人文學會, 2017年 4月
송해경	당·송대 餠茶와 團茶제다법 비교 연구 (Ⅱ), 『中國人文科學』, 第67輯, 광주, 中國人文學會, 2017年 12月
슬론제시	Attitudes Toward the Northeast Frontier in the Travel Diaries of the Jin Dynasty Literati-Official Wang Ji(1128-1194) - A Comparative Study of Travel Writingin an Imperial Context, 『中國語文論譯叢刊』, 第41輯, 서울, 中國語文論譯學會, 2017年 7月
신경미	현대중국어 형용사 반의어에 대한 고찰, 『中國語文論叢

』, 第79輯, 서울, 中國語文硏究會, 2017年 2月

신다영   중한 문학 번역의 다시쓰기에 대한 연구 : 사례 분석을 중심으로, 이화여대 통역번역대학원 박사 논문, 2016

신미경 · 유 위   'N+里'에 나타난 한국인 학습자의 오류 분석, 『中國學硏究』, 第81輯, 서울, 中國學硏究會, 2017年 8月

신미경 · 유 위   현대중국어 조사 '得'에 관한 한국인 학습자의 오류 분석, 『中國語 敎育과 硏究』, 第26號, 서울, 韓國中國語敎育學會, 2017年 12月

신미경 · 유 위   한국인 학습자의 비처치식 '把'자문 대치현상 연구, 『中語中文學』, 第70輯, 서울, 韓國中語中文學會, 2017年 12月

신민야 · 박정숙 · 권호종 · 황영희 · 이기훈 · 이봉상   ≪靑樓韻語≫의 經文과 原註에 대한 譯解 (4), 『中國語文論譯叢刊』, 第41輯, 서울, 中國語文論譯學會, 2017年 7月

申芳芳   중국 宋代 梅花詩에 나타난 시어 '鐵腸石心' 연구, 『中國人文科學』, 第67輯, 광주, 中國人文學會, 2017年 12月

신세리   고대 중국인의 인식체계에 대한 고찰 - ≪說文≫ '美也'의 풀이자를 중심으로, 『中國人文科學』, 第65輯, 광주, 中國人文學會, 2017年 4月

辛永鎬 · 金萬泰   중국 命理原典 『命理約言』 고찰, 『中國學』, 第58輯, 부산, 大韓中國學會, 2017年 3月

신용권   ≪四聲通解≫에 나타난 今俗音의 성격에 대하여, 『中國文學』, 第92輯, 서울, 韓國中國語文學會, 2017年 8月

신우선   고유어 속에 혼재하는 한자어 고찰 - 본자(本字) 연구법 및 그 적용을 중심으로, 『中國言語硏究』, 第69輯, 서울,

韓國中國言語學會, 2017年 4月

신우선   '以'의 의미 파생 및 문법화,『中國言語硏究』, 第70輯, 서울, 韓國中國言語學會, 2017年 6月

신원철 · 손남호 · 김석영 · 감나래 · 이강재 · 이연숙 · 이미경 중국 출판 현대 중국어 교재의 시기별 현황과 특징 연구,『中國言語硏究』, 第69輯, 서울, 韓國中國言語學會, 2017年 4月

신원철 · 감나래 · 소민정 · 손남호 · 이강재 · 이연숙 · 이미경 · 김석영   중국어 교재 평가 체크리스트 개발 연구,『中國語 敎育과 硏究』, 第25號, 서울, 韓國中國語敎育學會, 2017年 6月

신원철 · 감나래 · 김석영 · 손남호 · 이강재 · 이미경 · 이연숙 · 박종한   현행 중등 중국어 교과서의 문화요소에 대한 연구,『中國文學』, 第92輯, 서울, 韓國中國語文學會, 2017年 8月

신정호   중국문학 속의 한국전쟁,『中國人文科學』, 第66輯, 광주, 中國人文學會, 2017年 8月

신정호   한국의 타이완 인식 일고 : 연암 · 단재 · 김사량의 경우,『中國學報』, 第81輯, 서울, 韓國中國學會, 2017年 8月

신주현 · 박재승   의무 양태 표지에 대한 연구 – '행위 통제권'과 '행위 결정권'을 중심으로,『中國學硏究』, 第80輯, 서울, 中國學硏究會, 2017年 6月

신지영   淸代 光緖 年間 宮廷演劇의 새로운 공연 면모 연구,『中國語文學志』, 第60輯, 서울, 中國語文學會, 2017年 9月

申鉉錫   李漁의 詞學論 硏究,『中國人文科學』, 第67輯, 광주, 中國人文學會, 2017年 12月

신현진   펑쯔카이 동화에 나타난 아동문학 특징 연구, 서울대 대학

원 석사 논문, 2016

申惠仁　　　　　현대중국어 '到家' 및 'V/A到家' 구조 고찰,『中國語文學論集』, 第102號, 서울, 中國語文學研究會, 2017年 2月

심규호　　　　　魏晉代 士人의 雅俗觀 연구,『中國學研究』, 第81輯, 서울, 中國學研究會, 2017年 8月

沈基恩·金孝珍·洪慧整　중국의 해외직접투자 유입과 수입의 관계 변화,『中國學』, 第58輯, 부산, 大韓中國學會, 2017年 3月

심민규　　　　　朝鮮時代 孔子圖像 硏究, 명지대 대학원 석사 논문, 2016

심상순　　　　　거울메커니즘의 관점에서 본 중국어 조어법 - 감각어를 중심으로,『中國語文學志』, 第60輯, 서울, 中國語文學會, 2017年 9月

沈知彦　　　　　대학 중국어교육에서의 어휘 교육방안 연구,『中國學』, 第61輯, 부산, 大韓中國學會, 2017年 12月

심혜영　　　　　위화(余華)의『제7일(第七天)』,『中國現代文學』, 第82號, 서울, 韓國中國現代文學學會, 2017年 7月

악일비·김충실　표기이론과 중한 목적어 구문 습득에서의 모국어 간섭현상,『中國語 教育과 研究』, 第26號, 서울, 韓國中國語教育學會, 2017年 12月

安　仁　　　　　唐代 曲江文化의 문화코드 고찰,『中國語文學論集』, 第105號, 서울, 中國語文學研究會, 2017年 8月

안기섭·정성임·허봉격　'就'·'就是'의 詞典 해석상의 문제에 대하여 - 의미항·품사·어법단위를 중심으로,『中國學研究』, 第79輯, 서울, 中國學研究會, 2017年 3月

안기섭·정성임·鄭　輝　'得'를 사용하지 않은 정도보어 형식 중의 보어 성

	격에 대하여, 『中國人文科學』, 第67輯, 광주, 中國人文學會, 2017年 12月
安東煥	浙江 金華府城隍廟 考, 『中國人文科學』, 第66輯, 광주, 中國人文學會, 2017年 8月
안병국	王勃 五言8句詩 形式 探索, 『中國學報』, 第82輯, 서울, 韓國中國學會, 2017年 11月
안상복	韓中 두 나라의 異國人假面戱와 '貢物 바치기'에 대한 비교 고찰, 『中國文學』, 第90輯, 서울, 韓國中國語文學會, 2017年 2月
안성재	民主主義를 爲한 孔子의 常 修辭學 考察, 『中國學』, 第59輯, 부산, 大韓中國學會, 2017年 6月
안승웅	沈從文 소설의 화자 연구, 『中國現代文學』, 第81號, 서울, 韓國中國現代文學學會, 2017年 4月
안승웅	沈從文의 여성관과 소설 창작 - 소설 창작과정을 통해 본 沈從文의 여신숭배 여성관 - , 『中國語文學志』, 第60輯, 서울, 中國語文學會, 2017年 9月
안연진 · 최재영	상고중국어시기~근대중국어시기의 금지 표지 연구, 『中語中文學』, 第67輯, 서울, 韓國中語中文學會, 2017年 3月
안영은	사건으로서의 「十年」, 『中國現代文學』, 第81號, 서울, 韓國中國現代文學學會, 2017年 4月
안예선	歐陽脩 《新五代史》의 筆記 자료 채택 고찰, 『中國語文論叢』, 第79輯, 서울, 中國語文硏究會, 2017年 2月
顔玉君 · 朴敏浚	常用詞"甘", "甛"歷時演變與興替硏究, 『中國語文學論

	集』, 第105號, 서울, 中國語文學硏究會, 2017年 8月
안용선	공자 예술철학과 회화정신에 관한 연구, 강원대 대학원 박사 논문, 2016
안재연	타자의 발견, 펑쯔카이(豊子愷) 만화와 20세기 중국의 정치학,『中語中文學』, 第69輯, 서울, 韓國中語中文學會, 2017年 9月
안재원	16-18세기 유럽에서 중국으로 온 책들과 중국에서 유럽으로 간 책들,『中國文學』, 第93輯, 서울, 韓國中國語文學會, 2017年 11月
안재철	意와 義의 詞義異同考 - 詞義 '뜻'을 중심으로 - ,『中國人文科學』, 第65輯, 광주, 中國人文學會, 2017年 4月
안재철	佛典에 나타난 '見·看·觀'의 詞義 異同考,『中國人文科學』, 第67輯, 광주, 中國人文學會, 2017年 12月
안재호	호굉(胡宏)의 진심성성설(盡心成性說) 관규(管窺) - 진심의 체계 : 치지(致知)와 주경(主敬)을 중심으로,『中國學報』, 第80輯, 서울, 韓國中國學會, 2017年 5月
안효정	古代漢語 '以'의 품사와 의미에 대한 연구 : 통사·의미상의 일관성을 중심으로, 서울대 대학원 석사 논문, 2106
梁 楠	生根的流星 : 論韓華詩人初安民≪愁心先醉≫中的跨國認同,『中國現代文學』, 第80號, 서울, 韓國中國現代文學學會, 2017年 1月
양 화	북경후통(胡同)의 무형 문화유산 현황 분석 및 홍보방안 연구 : 스차하이(什刹海)지역을 중심으로, 건국대 대학원 석사 논문, 2016

양경미	함축을 기반으로 한 중국어 시트콤 담화 분석Ⅱ-함축의 자질 및 참가자의 연령을 중심으로-,『韓中言語文化硏究』, 第43輯, 서울, 韓國中國言語文化硏究會, 2017年 2月
양만기·邢 軍	漢語與漢字的獨特關系及在漢語敎學中的應用,『中國言語硏究』, 第69輯, 서울, 韓國中國言語學會, 2017年 4月
양만기	≪老子≫ '以'字 用法 考察,『中國人文科學』, 第66輯, 광주, 中國人文學會, 2017年 8月
양만리	翰墨与道德-論眞德秀重主体品格的文藝思想-,『韓中言語文化硏究』, 第44輯, 서울, 韓國中國言語文化硏究會, 2017年 5月
羊米林·강동위·王志成	魅力型領導對員工行爲影響關系中：以感情承諾及領導-成員交換關系爲中心的硏究,『中國學』, 第60輯, 부산, 大韓中國學會, 2017年 9月
양석팽	漢字造成詞語"重新分析",『中國語文學』, 第74輯, 대구, 嶺南中國語文學會, 2017年 4月
양선혜	韓中 여성신화의 비교 고찰-묘선과 바리공주 이야기를 중심으로,『中國語文論叢』, 第81輯, 서울, 中國語文硏究會, 2017年 6
양선혜	묘선전설(妙善傳說)의 소설화(小說化)에 대한 고찰-≪남해관세음보살출신수행전(南海觀世音菩薩出身修行傳)≫을 중심으로,『中國語文學志』, 第61輯, 서울, 中國語文學會, 2017年 12月月
梁誠義	『급취편』제물장의 육서와 부수 고찰,『中國語文學論集』, 第102號, 서울, 中國語文學硏究會, 2017年 2月

양세욱	근대 중국의 개념어 번역과 '格義'에 대한 비교 연구, 『中國文學』, 第91輯, 서울, 韓國中國語文學會, 2017年 5月
양승갑 · 단효홍 · 엄영욱	移民文學的認同感硏究 - 以奈保爾與高行健爲例, 『中國學論叢』, 第56輯, 大田, 韓國中國文化學會, 2017年 12月
양영매	현대중국어 '不怎麼+X'구조에 대한 통사 · 의미 연구, 『中語中文學』, 第67輯, 서울, 韓國中語中文學會, 2017年 3月
양영매	현대중국어 不怎麼의 주관량 인식조건, 『中國語文論叢』, 第80輯, 서울, 中國語文硏究會, 2017年 4月
양오진	조선시대 한(韓) · 중(中) 외교문서와 언어적 특징에 대하여, 『中國言語硏究』, 第73輯, 서울, 韓國中國言語學會, 2017年 12月
양은정	重譯에 대한 고찰 - 錢鐘書 圍城을 중심으로, 『中國語文學』, 第76輯, 대구, 嶺南中國語文學會, 2017年 12月
양중석	『사기』「혹리열전」의 漢 武帝 비판, 『中語中文學』, 第70輯, 서울, 韓國中語中文學會, 2017年 12月
양회석	오방(五放)과 노자(老子), 『中國人文科學』, 第66輯, 광주, 中國人文學會, 2017年 8月
어영미 · 김도경	중국 시민사회 담론 속의 '혁명 서사', 『中國現代文學』, 第83號, 서울, 韓國中國現代文學學會, 2017年 10月
언 규	電視劇≪歡樂頌≫的階層問題解析, 『中國學硏究』, 第82輯, 서울, 中國學硏究會, 2017年 11月
엄영욱 · 왕영려	魯迅和周作人内心世界探究 - 以≪喝茶≫爲例, 『中國學』, 第60輯, 부산, 大韓中國學會, 2017年 9月

嚴英旭·王英麗·劉　玲　　　語氣副詞 "不一定"的 主觀性硏究,『中國人文科學』, 第67輯, 광주, 中國人文學會, 2017年 12月

엄영욱·양승갑·단효홍　移民文學的認同感硏究 - 以奈保爾與高行健爲例,『中國學論叢』, 第56輯, 大田, 韓國中國文化學會, 2017年 12月

嚴翼相·金南芝　『訓蒙字會』한자음으로 본 重紐에 관한 쟁점,『中國語文學論集』, 第103號, 서울, 中國語文學硏究會, 2017年 4月

여승환　〈同光名伶十三絶〉畵에 그려진 京劇 老生 배우 3인의 연기 활동 고찰,『中國文學硏究』, 第67輯, 서울, 韓國中文學會, 2017年 5月

여승환·김보경　任半塘 ≪唐戲弄≫〈總說〉 '晩唐' 부분 譯註,『中國語文論譯叢刊』, 第41輯, 서울, 中國語文論譯學會, 2017年 7月

여인우·김석영　고등학교 중국어 지필평가의 문항 타당도에 대한 연구 - 직접평가 요소에 따른 차이를 바탕으로,『中國語文學志』, 第61輯, 서울, 中國語文學會, 2017年 12月

延光錫　陳映眞 문학 사상이 분단 한국에 주는 참조적 의의,『中國現代文學』, 第80號, 서울, 韓國中國現代文學學會, 2017年 1月

염재웅　언해 문헌에 수록된 한국한자음 이독자의 음의관계에 대한 수량비교연구,『中國文化硏究』, 第36輯, 서울, 中國文化硏究學會, 2017年 5月

염정삼　정치적 수사의 완성작, 〈兩都賦〉 - 洛邑을 노래하여 예의를 설득하다 - ,『中國語文學志』, 第60輯, 서울, 中國語文學會, 2017年 9月

閆慧娟·朴興洙	漢韓親屬稱謂語 "哥(오빠/형)"的泛化對比及跨文化硏究,『中國文化硏究』, 第36輯, 서울, 中國文化硏究學會, 2017年 5月
芮東根	"소프트 변경" 시각으로 단동-신의주 초국경 도시 발전에 대한 새로운 접근,『中國學』, 第61輯, 부산, 大韓中國學會, 2017年 12月
예추이화	李白 賦 初探,『中語中文學』, 第68輯, 서울, 韓國中語中文學會, 2017年 6月
吳慶禧·문정진	岳刻本 ≪西廂記≫의 출판 환경과 출판 기획,『中國小說論叢』, 第51輯, 서울, 韓國中國小說學會, 2017年 4月
오길용	다언어의 교육 방법 小考,『中國人文科學』, 第65輯, 광주, 中國人文學會, 2017年 4月
吳吉龍	멀티미디어 매체 활용 교수-학습 분석,『中國人文科學』, 第67輯, 광주, 中國人文學會, 2017年 12月
吳萬鍾	王莽의 禪讓 政權,『中國學』, 第61輯, 부산, 大韓中國學會, 2017年 12月
오문의·최선희	중국 방언에 나타난 AXAB 중첩어의 분포적 특성 연구,『中國文學』, 第93輯, 서울, 韓國中國語文學會, 2017年 11月
오문의	중한사전 쌍음절형용사 사동 용법의 기술에 관한 연구,『中國學報』, 第82輯, 서울, 韓國中國學會, 2017年 11月
오세준	'辟聲系 轉注에서 본 上古漢語와 韓國固有語의 對應,『中國學報』, 第79輯, 서울, 韓國中國學會, 2017年 2月
오수경	近代以來中國戲曲在韓國的演出及影響,『中國學報』, 第81輯, 서울, 韓國中國學會, 2017年 8月

오수경	역사적 기억과 휴머니티로 다시 읽는 중국 고전 희곡, 〈조씨고아〉,『中國文學』, 第93輯, 서울, 韓國中國語文學會, 2017年 11月
오순방	미국장로회선교사 윌리엄 뉴튼 블레어(邦緯良)의 한국선교와 숭실대학,『中國語文論譯叢刊』, 第40輯, 서울, 中國語文論譯學會, 2017年 1月
오순방·고 비	19世紀Aesop's Fables羅伯聃中譯本≪意拾喩言≫譯介特色之分析,『中國語文論譯叢刊』, 第41輯, 서울, 中國語文論譯學會, 2017年 7月
오순방·고 비	明末首部漢譯伊索寓言集 ≪況義≫之仿作李世熊 ≪物感≫ 硏究,『中國文學』, 第92輯, 서울, 韓國中國語文學會, 2017年 8月
오염연	20세기 海派영화의 여성캐릭터 분석, 건국대 대학원 석사논문, 2016
오유정	중국어의 비(非)화제 주어 (1),『中國語文論譯叢刊』, 第41輯, 서울, 中國語文論譯學會, 2017年 7月
오유정	후치 부사어 구문 V得C - 이차 술어 구문 동결식(VC)과의 비교를 중심으로,『中國語文論叢』, 第83輯, 서울, 中國語文研究會, 2017年 10月
오유정	論"給VP" - 以去致使化爲理論基礎, 『中國言語硏究』, 第73輯, 서울, 韓國中國言語學會, 2017年 12月
오의강	淸華簡≪厚父≫疏證,『中國學報』, 第81輯, 서울, 韓國中國學會, 2017年 8月
오제중	金文學 著書 書評 考察,『中國文化研究』, 第36輯, 서울,

中國文化硏究學會, 2017年 5月

吳台錫　데이비드 봄 양자론 '숨은변수이론'의 인문학적 검토,『中國語文學論集』, 第106號, 서울, 中國語文學硏究會, 2017年 10月

오헌필　李覯의 詠物詩 내용 분석,『中國語文論叢』, 第79輯, 서울, 中國語文硏究會, 2017年 2月

오현주　중국어 불손 표현 연구,『中國語文學』, 第74輯, 대구, 嶺南中國語文學會, 2017年 4月

오호연　陶淵明과 李仁老의 田園詩 比較硏究, 중앙대 대학원 석사 논문, 2016

옥효광·손다옥　眞値語義相同下的"才"和"就"之比較,『中國人文科學』, 第65輯, 광주, 中國人文學會, 2017年 4月

王　楠　網絡玄幻小說『三生三世十里桃花』的時空敘事硏究,『中國語文學論集』, 第105號, 서울, 中國語文學硏究會, 2017年 8月

王　濤·김현태　中國公民出境旅游安全及應對策略芻議 - "東方之星"沉船事件啓示與返思,『中國學』, 第58輯, 부산, 大韓中國學會, 2017年 3月

王　濤·金昌慶　儒學在當代韓國的流播與傳承,『中國學』, 第59輯, 부산, 大韓中國學會, 2017年 6月

王　樂　張承志 신문 창작 연구, 한국외대 대학원 석사 논문, 2016
왕　민　조선 전기 한자음의 자음 표기 연구 : ≪동국정운≫과 ≪홍무정운역훈≫의 비교를 중심으로, 경북대 대학원 박사 논문, 2016

王 娟·장동천	欲望, 殘缺, 神性 - 施蟄存歷史小說中的存在主義困境, 『中國語文論叢』, 第80輯, 서울, 中國語文硏究會, 2017年 4月
王 艶	話劇≪我們的荊軻≫對≪史記·刺客列傳≫ 的改寫分析, 『中國人文科學』, 第67輯, 광주, 中國人文學會, 2017年 12月
王 寧	談漢字敎育中的字理敎學 - 兼談≪說文解字≫在字理敎學中的作用 - , 『中國語文學』, 第74輯, 대구, 嶺南中國語文學會, 2017年 4月
王 媛	從"顯性/隱性"理論談初級漢語綜合課敎材中的語法編寫, 『中國人文科學』, 第66輯, 광주, 中國人文學會, 2017年 8月
왕 원·이희옥	중국의 '전략적 동반자 관계' 외교의 유형화 시론(試論), 『中國學硏究』, 第82輯, 서울, 中國學硏究會, 2017年 11月
왕 잉	루쉰(魯迅)과 이미륵의 고향 의식에 대한 비교 연구: 『납함』과 『압록강은 흐른다』를 중심으로, 서울시립대 대학원 석사 논문, 2016
왕 한	이호철과 백선용의 단편소설에 나타난 이주담론 비교 연구, 아주대 대학원 석사 논문, 2016
王佳慧	羅偉章의 『回憶一個惡人』중한 번역 연구, 단국대 대학원 석사 논문, 2016
王楠楠·李冬香	移動方式動詞動賓結构的語義角色關系分析, 『中語中文學』, 第68輯, 서울, 韓國中語中文學會, 2017年 6月
王楠楠·李冬香	認知語義學視域下"跑+NP"構式的多義性硏究, 『中語中

	文學』, 第70輯, 서울, 韓國中語中文學會, 2017年 12月
왕문연 · 정부생	蘇曼殊書信硏究, 『中國語文學論集』, 第107號, 서울, 中國語文學硏究會, 2017年 12月
왕보하 · 焦 佩	中國網絡小說改編影視劇的叙事變化硏究 - 以≪琅琊榜≫爲例, 『中國小說論叢』, 第51輯, 서울, 韓國中國小說學會, 2017年 4月
왕보하 · 초 패	論中國網絡四字格新詞形成中的認知机制, 『中國言語硏究』, 第69輯, 서울, 韓國中國言語學會, 2017年 4月
王寶霞 · 焦 佩	當代中國網絡歷史小說的叙事硏究, 『中國語文論叢』, 第80輯, 서울, 中國語文硏究會, 2017年 4月
王寶霞 · 趙林林	國家形象視域下 ≪琅琊榜≫ 的跨域傳播學硏究, 『中語中文學』, 第70輯, 서울, 韓國中語中文學會, 2017年 12月
왕비연	湯顯祖之 ≪牡丹亭≫對六朝志怪小說素材的吸收與發展, 『中國文學』, 第90輯, 서울, 韓國中國語文學會, 2017年 2月
王飛燕	≪紅樓夢評論≫中王國維對叔本華學說之接受與疏離, 『中國人文科學』, 第67輯, 광주, 中國人文學會, 2017年 12月
왕아남	朝鮮文人的王羲之書帖題跋一考, 『中國人文科學』, 第65輯, 광주, 中國人文學會, 2017年 4月
왕영려 · 엄영욱	魯迅和周作人內心世界探究 - 以≪喝茶≫爲例, 『中國學』, 第60輯, 부산, 大韓中國學會, 2017年 9月
王英麗 · 嚴英旭 · 劉 玲	語氣副詞 "不一定"的 主觀性硏究, 『中國人文科學』, 第67輯, 광주, 中國人文學會, 2017年 12月

왕일죽·추지원 　論莫言文學創作的"民間觀" - 對民間批評理論的另類闡
　　　　　　釋, 『中語中文學』, 第69輯, 서울, 韓國中語中文學會,
　　　　　　2017年 9月

王志成·羊米林·강동위 　魅力型領導對員工行爲影響關系中 : 以感情承
　　　　　　諾及領導 - 成員交換關系爲中心的研究, 『中國學』, 第
　　　　　　60輯, 부산, 大韓中國學會, 2017年 9月

왕천균 　　　무협소설의 콘텐츠 활용 연구 : 김용 무협소설 중심으로,
　　　　　　건국대 대학원 박사 논문, 2016

王惠麗·金南奭 　심택추자희 포공출세(包公出世) 와 창극 홍보전 의 미학
　　　　　　적 비교, 『中國學』, 第61輯, 부산, 大韓中國學會, 2017年
　　　　　　12月

우영숙 　　　청대 소주(蘇州) 민간연화(民間年畵) 연구 : 건륭연간의
　　　　　　판화작품을 중심으로, 명지대 대학원 박사 논문, 2016

우재호 　　　두보(杜甫)의 서예관(書藝觀)과 후대(後代)의 평가(評
　　　　　　價), 『中國語文學』, 第75輯, 대구, 嶺南中國語文學會,
　　　　　　2017年 8月

于翠玲 　　　蔡萬植與巴金的告白敘事, 『中國人文科學』, 第67輯, 광
　　　　　　주, 中國人文學會, 2017年 12月

袁毓林·朴敏浚 　漢語反事實條件句的形態特徵, 『中國語文學論集』, 第
　　　　　　106號, 서울, 中國語文學硏究會, 2017年 10月

원종은·허근배 　〈광인일기(狂人日記)〉 텍스트 구조의 변증법적 분석 -
　　　　　　정반합(正反合)을 중심으로, 『中國文學硏究』, 第68輯,
　　　　　　서울, 韓國中文學會, 2017年 8月

위반반 　　　한·중 대학 대외자국어교육학과 교육과정 비교 연구, 대

진대 대학원 박사 논문, 2016

魏秀光·宮英瑞 語用視角下的漢語句末語氣詞的功能硏究, 『中國學』, 第59輯, 부산, 大韓中國學會, 2017年 6月

위수광 국제대강(國際大綱)(어법(語法) : 2014)의 중국어 교육문 법체계 고찰 - 국제대강(國際大綱)(어법(語法) : 2008)과 비교를 토대로 - , 『中國言語硏究』, 第73輯, 서울, 韓國中 國言語學會, 2017年 12月

魏義禎 韓國語 "오다/가다"和漢語 "來/去"在位移表達中的不對 應現象, 『中語中文學』, 第67輯, 서울, 韓國中語中文學 會, 2017年 3月

위행복 ≪鏡花緣≫의 思想傾向 分析, 『中國文學』, 第91輯, 서 울, 韓國中國語文學會, 2017年 5月

위행복 한·중 인문교류의 현황과 전망 - 한·중인문학포럼을 중 심으로, 『中國語文論譯叢刊』, 第41輯, 서울, 中國語文 論譯學會, 2017年 7月

劉 娜 現代漢語 "個"的特殊用法及語法化硏究, 『中國語文學 論集』, 第106號, 서울, 中國語文學硏究會, 2017年 10月

劉 麗 由中國殯喪禮看中國殯喪等級制度的演變, 『中國學』, 第61輯, 부산, 大韓中國學會, 2017年 12月

유 양 방문 지역에 따른 역사 테마파크 방문특징에 관한 분석 : 중국 개봉 청명상하원〈淸明上河園〉 중심으로, 배재대 대학원 석사 논문, 2016

劉 玲·王英麗·嚴英旭 語氣副詞 "不一定"的 主觀性硏究, 『中國人文科 學』, 第67輯, 광주, 中國人文學會, 2017年 12月

유　운	現代漢語"把/被⋯給"的語義疊加及句法形成機制考察, 『中國語文學論集』, 第107號, 서울, 中國語文學研究會, 2017年 12月
유　위·임소정	중국어 '点儿'과 한국어 '좀'의 의미 기능 및 의미 확장 과 정의 비교, 『中國文學』, 第90輯, 서울, 韓國中國語文學 會, 2017年 2月
유　위·신미경	'N+里'에 나타난 한국인 학습자의 오류 분석, 『中國學研 究』, 第81輯, 서울, 中國學研究會, 2017年 8月
유　위·손정애	한국인학습자의 중국어동사 "有" 사용상의 오류 분석 : 첨 가와 누락의 오류를 중심으로, 『中國文學』, 第93輯, 서 울, 韓國中國語文學會, 2017年 11月
유　위·신미경	현대중국어 조사 '得'에 관한 한국인 학습자의 오류 분석, 『中國語 敎育과 硏究』, 第26號, 서울, 韓國中國語敎育 學會, 2017年 12月
유　위·신미경	한국인 학습자의 비처치식 '把'자문 대치현상 연구, 『中語 中文學』, 第70輯, 서울, 韓國中語中文學會, 2017年 12月
유　철	馬云演講探析, 『中國學論叢』, 第54輯, 大田, 韓國中國 文化學會, 2017年 6月
유경철	'중국주류영화' 논의 고찰, 『中國現代文學』, 第82號, 서 울, 韓國中國現代文學學會, 2017年 7月
劉繼紅·甘瑞瑗	漢語敎師的跨文化意識與文化傳播, 『中國語文學論集 』, 第102號, 서울, 中國語文學研究會, 2017年 2月
유민희	'여성'의 키워드로 읽는 장아이링(張愛玲)의 <색, 계(色, 戒)>, 『中國語文論叢』, 第82輯, 서울, 中國語文硏究會,

2017年 8月

유수경 · 전생방   '誰也贏不了'류 구문의 중의성 분석, 『中國文學硏究』, 第
67輯, 서울, 韓國中文學會, 2017年 5月

유수경 · 박정구 · 강병규   언어유형론적 관점에 입각한 기점 표시 부치사의
의미지도 연구 - 중국어 방언 분석을 중심으로, 『中國言
語硏究』, 第71輯, 서울, 韓國中國言語學會, 2017年 8月

유수경   중한 번역 오류의 특징 고찰 및 유형 분류 - 신문보도문
분석을 기반으로, 『中國語文學志』, 第61輯, 서울, 中國
語文學會, 2017年 12月

劉亞菲   중국어 '會'의 기능분화에 대한 유형론적 고찰, 『中國語文
學論集』, 第104號, 서울, 中國語文學硏究會, 2017年 6月

王永健 · 靳大成   走進藝術人類學 : 兼論20世紀80年代的學術思潮, 『中
國現代文學』, 第80號, 서울, 韓國中國現代文學學會,
2017年 1月

유영기   중국어 사전의 어휘 연구 - 쌍음절 언어단위를 중심으로 -,
『中國人文科學』, 第65輯, 광주, 中國人文學會, 2017年 4月

유영도   시조에 나타난 중국인물에 대한 연구, 가천대 대학원 석사
논문, 2016

劉永連 · 조은상   魯認旅明文獻及其文化交流上的意義, 『中國語文論叢
』, 第81輯, 서울, 中國語文硏究會, 2017年 6月

유재성 · 이용태   吳濁流 短篇小說 小考, 『韓中言語文化硏究』, 第44輯,
서울, 韓國中國言語文化硏究會, 2017年 5月

유정일   ≪虞初廣志≫의 문헌적 성격과 ≪虞初廣志≫ 소재 安重
根傳 연구, 『中國小說論叢』, 第52輯, 서울, 韓國中國小

說學會, 2017年 8月

劉僑芳·韓容洙　關于韓國漢語學習者語言遷移研究的考察,『中國人文科學』, 第66輯, 광주, 中國人文學會, 2017年 8月

유중하　陳映眞 선수에 관한 두어 가지 기억들,『中國現代文學』, 第80號, 서울, 韓國中國現代文學學會, 2017年 1月

유지봉　李穡과 杜甫의 詠病詩에 대한 비교 고찰,『韓中言語文化硏究』, 第46輯, 서울, 韓國中國言語文化硏究會, 2017年 11月

유헌식　마음과 정신 - 영미의 신헤겔주의가 하린(賀麟)의 신심학에 미친 정신철학 연구,『中國學論叢』, 第53輯, 大田, 韓國中國文化學會, 2017年 3月

유현아　중국어 어휘에 나타나는 음식문화 고찰 - 主食과 副食 관련 어휘를 중심으로,『中國文化硏究』, 第35輯, 서울, 中國文化硏究學會, 2017年 2月

유현조·박은석·박성하　중국 지역 내 중국 - 티베트 언어의 소유구성 연구,『中國學報』, 第82輯, 서울, 韓國中國學會, 2017年 11月

유혜영　兩漢 琴曲의 표현형식과 사상내용에 관한 고찰 - 相和歌와의 비교를 통하여,『中國文化硏究』, 第36輯, 서울, 中國文化硏究學會, 2017年 5月

윤관진·이종찬·채상수　한중 무역변화에 대한 한중 FTA 발효효과 분석 - 전자기기산업을 중심으로,『中國學』, 第60輯, 부산, 大韓中國學會, 2017年 9月

윤비취　중국어 공손표현 기제 연구,『韓中言語文化硏究』, 第45輯, 서울, 韓國中國言語文化硏究會, 2017年 8月

윤상희	초급중국어교재 기사문(祈使句)의 사용현황과 교육방안 연구,『中國語 教育과 研究』, 第26號, 서울, 韓國中國語 教育學會, 2017年 12月
윤석우	李白의 詩에 나타난 劍 이미지 小考,『中國語文學論集』, 第103號, 서울, 中國語文學研究會, 2017年 4月
윤성환	중국 소비자들의 해외직구 이용의도에 영향을 미치는 요인에 관한 연구,『中國學研究』, 第81輯, 서울, 中國學研究會, 2017年 8月
윤영도	소셜 미디어 장과 리액션의 정동역학(情動力學) - 중국 동영상 사이트를 중심으로,『中國現代文學』, 第83號, 서울, 韓國中國現代文學學會, 2017年 10月
윤유정	한국인의 중국어 작문 텍스트 응결 장치 분석,『中語中文學』, 第67輯, 서울, 韓國中語中文學會, 2017年 3月
尹銀雪	잡극『紅梨花』와『西廂記』의 서사 변용과 무대성 고찰,『中國語文學論集』, 第103號, 서울, 中國語文學研究會, 2017年 4月
윤지양	金聖歎의 ≪西廂記≫ 비평 및 개작에 대한 周昂의 평가 고찰,『中國文學』, 第92輯, 서울, 韓國中國語文學會, 2017年 8月
윤지원	馮友蘭人生哲學研究 -『新理學』과『新原人』을 中心,『中國學論叢』, 第53輯, 大田, 韓國中國文化學會, 2017年 3月
윤지원	唐君毅文化哲學淺析 - 文化宣言과 道德自我를 中心으로,『中國學論叢』, 第56輯, 大田, 韓國中國文化學會, 2017年 12月

윤혜지	宋代 女性詞人 魏玉汝의 離別詞 初探, 『中國學研究』, 第80輯, 서울, 中國學研究會, 2017年 6月
尹華錦	『금오신화』와 『요재지이』의 환상성 비교 연구, 중앙대 대학원 석사 논문, 2016
이 경	출토문헌(出土文獻)에 나타난 병명(病名) '가(瘕)'에 관한 고찰, 『中語中文學』, 第68輯, 서울, 韓國中語中文學會, 2017年 6月
이 경	출토문헌(出土文獻)에 보이는 질병명 '癘'고찰, 『中國語文學志』, 第61輯, 서울, 中國語文學會, 2017年 12月
李 莉 · 韓容洙	漢語含"春"字四字格成語古平仄分析, 『中國人文科學』, 第67輯, 광주, 中國人文學會, 2017年 12月
이 양	한 · 중 기녀시문학의 비교연구 : 조선조와 명 · 청시기의 기녀시문학을 중심으로, 대구대 대학원 박사 논문, 2016
李 穎 · 任子田	西晉世, 庶對立背景下的文人生態, 『中語中文學』, 第70輯, 서울, 韓國中語中文學會, 2017年 12月
이 혁	모옌(莫言)소설에 나타난 고향의식 연구, 『中國學研究』, 第80輯, 서울, 中國學研究會, 2017年 6月
李康範 · 黃瑄愛	『色 │ 戒』로 본 張愛玲의 親日문제, 『中國語文學論集』, 第104號, 서울, 中國語文學研究會, 2017年 6月
이강범 · 권익호	滿洲國의 '國語教育'政策 - '新學制' 시행을 중심으로, 『中國語文學論集』, 第107號, 서울, 中國語文學研究會, 2017年 12月
이강재 · 신원철 · 손남호 · 김석영 · 감나래 · 이연숙 · 이미경	중국 출판 현대 중국어 교재의 시기별 현황과 특징 연구, 『中國言語研究

』, 第69輯, 서울, 韓國中國言語學會, 2017年 4月

이강재 　　　경학사의 관점에서 본 조선 전기의 ≪논어≫ 인식, 『中國
　　　　　文學』, 第91輯, 서울, 韓國中國語文學會, 2017年 5月

이강재 · 손남호 · 소민정 · 김석영 · 김나래 · 신원철 · 이연숙 · 이미경　중국
　　　　　어 교재 평가 체크리스트 개발 연구, 『中國語 敎育과 硏
　　　　　究』, 第25號, 서울, 韓國中國語敎育學會, 2017年 6月

이강재 · 손남호 · 김석영 · 김나래 · 신원철 · 이미경 · 이연숙 · 박종한　현행
　　　　　중등 중국어 교과서의 문화요소에 대한 연구, 『中國文學
　　　　　』, 第92輯, 서울, 韓國中國語文學會, 2017年 8月

李鏡淑 　　　'賓語를 대동한 動詞被字句'를 형성하는 條件과 이에 부
　　　　　합하는 賓語類型, 『中國語文學論集』, 第103號, 서울, 中
　　　　　國語文學硏究會, 2017年 4月

李鏡淑 　　　文字 訓詁의 視覺에서 본 '簡體字表에서 명시한 주의할
　　　　　사항에 대한 소고, 『中國語文學論集』, 第105號, 서울, 中
　　　　　國語文學硏究會, 2017年 8月

이경숙 　　　'建'字의 '樹立'義, '飜覆'義와 '健'字 및 그 同源字에 관한
　　　　　훈고, 『中國文學硏究』, 第69輯, 서울, 韓國中文學會,
　　　　　2017年 11月

이경아 　　　대만의 일 · 가정양립정책과 기업 및 가정의 대응 - 모성보
　　　　　호 및 영유아보육을 중심으로, 『中國學硏究』, 第79輯, 서
　　　　　울, 中國學硏究會, 2017年 3月

이경진 　　　張恨水의 『金粉世家』연구 : 여성형상을 중심으로, 전북
　　　　　대 교육대학원 석사 논문, 2016

李京珍 · 金鉉哲 · 金主希 · 李有眞　중국어 교육현황 조사 및 분석 연구, 『

	中國語文學論集』, 第102號, 서울, 中國語文學硏究會, 2017年 2月
이경훈	≪음빙행정력≫소고, 『中國學論叢』, 第56輯, 大田, 韓國中國文化學會, 2017年 12月
이광수	양안의 민족주의 정서 고양과 양안관계, 『中國學論叢』, 第53輯, 大田, 韓國中國文化學會, 2017年 3月
이광혁	중국어 發音 오류에 대한 몇 가지 見解, 『中國人文科學』, 第65輯, 광주, 中國人文學會, 2017年 4月
이규갑	聲符代替異體字硏究, 『中語中文學』, 第69輯, 서울, 韓國中語中文學會, 2017年 9月
이규일	2016년 중국 대학입시와 어문 과목 평가의 특징, 『中國學』, 第59輯, 부산, 大韓中國學會, 2017年 6月
이규일	위진 잡시의 성격과 문학사적 의미, 『中國學論叢』, 第54輯, 大田, 韓國中國文化學會, 2017年 6月
이근석	중국유머에 나타난 한국인 풍자의 양태(2) - 유머의 원리, 구조, 배경을 중심으로, 『中國語文論叢』, 第79輯, 서울, 中國語文硏究會, 2017年 2月
이금순	李漁의 패션미학관점 연구 - ≪閑情偶寄聲容部≫를 중심으로, 『中國人文科學』, 第65輯, 광주, 中國人文學會, 2017年 4月
李金恟	원대 수호잡극을 통한 이규형상의 문화적 의의 연구, 『中國人文科學』, 第67輯, 광주, 中國人文學會, 2017年 12月
이기범	고구려 유민 묘지명의 조상인식 변화와 그 의미, 한성대 대학원 석사 논문, 2016

이기훈·신민야·박정숙·권호종·황영희·이봉상   ≪靑樓韻語≫
의 經文과 原註에 대한 譯解 (4),『中國語文論譯叢刊』,
第41輯, 서울, 中國語文論譯學會, 2017年 7月

李娜賢   학부 순차통역 수업 모형 제안,『中國語文學論集』, 第103
號, 서울, 中國語文學硏究會, 2017年 4月

이나현   중국어 강독 수업 모형 제안 및 적용 사례 - 토론식 수업을
중심으로,『中國語文學志』, 第58輯, 서울, 中國語文學
會, 2017年 4月

이나현   현대중국어 'A一點兒+V'와 'V+A一點兒' 명령문 대조,『中
國語文學志』, 第61輯, 서울, 中國語文學會, 2017年 12月

이동규   개혁개방 이후 마르크스주의 중국화 연구,『中國學論叢』,
第56輯, 大田, 韓國中國文化學會, 2017年 12月

李冬香·王楠楠   移動方式動詞動賓結构的語義角色關系分析,『中語中
文學』, 第68輯, 서울, 韓國中語中文學會, 2017年 6月

李冬香·王楠楠   認知語義學視域下"跑+NP"構式的多義性硏究,『中語中
文學』, 第70輯, 서울, 韓國中語中文學會, 2017年 12月

李騰淵   ≪情史≫의 국내 수용 과정에 관한 試論,『中國小說論叢
』, 第51輯, 서울, 韓國中國小說學會, 2017年 4月

이명아·한용수   『金剛經』에 나타난 중국어 붓다(Buddha) 호칭어의 화용
론적 특징,『中國言語硏究』, 第72輯, 서울, 韓國中國言
語學會, 2017年 10月

이명아·한용수   중국의 ≪四十二章經≫에 나타난 불교 호칭어 분석 - 붓
다와 불교 신도 호칭어를 중심으로,『中國語文論叢』, 第
84輯, 서울, 中國語文硏究會, 2017年 12月

이명재   『玉照定眞經』의 知命體系,『中國文化硏究』, 第38輯, 서
             울, 中國文化硏究學會, 2017年 11月

이미경・이강재・신원철・손남호・김석영・감나래・이연숙 중국 출판 현대
             중국어 교재의 시기별 현황과 특징 연구,『中國言語硏究
             』, 第69輯, 서울, 韓國中國言語學會, 2017年 4月

이미경・이강재・손남호・소민정・김석영・감나래・신원철・이연숙   중국
             어 교재 평가 체크리스트 개발 연구,『中國語 敎育과 硏
             究』, 第25號, 서울, 韓國中國語敎育學會, 2017年 6月

이미경・이강재・손남호・김석영・감나래・신원철・이연숙・박종한   현행
             중등 중국어 교과서의 문화요소에 대한 연구,『中國文學
             』, 第92輯, 서울, 韓國中國語文學會, 2017年 8月

이미경   중국인 성명의 성조 구조에 관한 소고,『中國語 敎育과
             硏究』, 第26號, 서울, 韓國中國語敎育學會, 2017年 12月

이민경・김석영   다음절어 성조연쇄 패턴 빈도를 활용한 중국어 성조 지도
             재료 선정 방안 연구,『中國人文科學』, 第67輯, 광주, 中
             國人文學會, 2017年 12月

李玟淑   19세기 중국과 동아시아의 문화 간커뮤니케이션 ; 위원
             (魏源)의 ≪해국도지(海國圖志)≫ 를 중심으로,『中國小
             說論叢』, 第53輯, 서울, 韓國中國小說學會, 2017年 12月

이민주   한국전쟁 시기 한국화교의 구제활동 연구 : 인천화교협회
             소장자료를 중심으로, 한국방송통신대 대학원 석사 논문,
             2016

이범열   현대중국어 색채 은유와 환유의 사용과 의사소통 효과에
             대한 연구 - '백(白)', '흑(黑)', '홍(紅)'을 중심으로 - ,『中國

	語文學』, 第75輯, 대구, 嶺南中國語文學會, 2017年 8月
이병민	중국 '포스트 - 5세대' 영화의 리얼리즘 연구, 『中國文學研究』, 第69輯, 서울, 韓國中文學會, 2017年 11月
이보경	문학치료의 가능성과 불가능성, 『中國現代文學』, 第81號, 서울, 韓國中國現代文學學會, 2017年 4月
이복실	'만주국' 신극 언어의 표현 감각, 『中語中文學』, 第67輯, 서울, 韓國中語中文學會, 2017年 3月
이봉금	'V1+V2'구조의 사동의미 파생 및 어휘적 사동과의 차이, 『中國言語硏究』, 第73輯, 서울, 韓國中國言語學會, 2017年 12月
이봉상 · 이기훈 · 신민야 · 박정숙 · 권호종 · 황영희	≪靑樓韻語≫의 經文과 原註에 대한 譯解 (4), 『中國語文論譯叢刊』, 第41輯, 서울, 中國語文論譯學會, 2017年 7月
李相機	戰國時期秦系文字의 筆劃簡省에 대한 考察, 『中國人文科學』, 第66輯, 광주, 中國人文學會, 2017年 8月
이상우 · 나일송	基于語料庫的二詞型術語抽取研究, 『中國人文科學』, 第65輯, 광주, 中國人文學會, 2017年 4月
이상우	중국 전통 차 문화에 내재된 의미와 가치 연구, 『中國人文科學』, 第66輯, 광주, 中國人文學會, 2017年 8月
이새미	류전윈(劉震雲) 소설에 나타난 말과 침묵의 커뮤니케이션 - 소설 ≪手機≫를 중심으로, 『中國語文論叢』, 第80輯, 서울, 中國語文研究會, 2017年 4月
이서경	근현대기 상하이 현성 내부 공간 변화에 관한 연구, 부산대 대학원 석사 논문, 2016

李抒泫	반금련(潘金蓮)의 욕망과 비극,『中國學』, 第61輯, 부산, 大韓中國學會, 2017年 12月
李碩九	≪山海經≫象徵結構硏究方法考察,『中國語文學論集』, 第106號, 서울, 中國語文學硏究會, 2017年 10月
이석형·Liu Zhen	試論≪莊子≫之"眞"的評判標準,『中國語文學』, 第76輯, 대구, 嶺南中國語文學會, 2017年 12月
이선옥	문학 번역에 있어서 작품 구조 분석의 의의 -『마교사전』을 중심으로,『中國學報』, 第81輯, 서울, 韓國中國學會, 2017年 8月
이선이	중일전쟁시기 딩링(丁玲)의 일본군 성폭력재현과 1956년 전범재판 그리고 피해자 증언의 의미,『中國學報』, 第80輯, 서울, 韓國中國學會, 2017年 5月
이선희	중국어와 한국어 신체어 '눈'의 의미 확장 대조 연구,『中國語文論叢』, 第79輯, 서울, 中國語文硏究會, 2017年 2月
이선희	2015개정교육과정의 이해와 중국어교과 교사용 지도서에 관한 제언,『中國語 敎育과 硏究』, 第25號, 서울, 韓國中國語敎育學會, 2017年 6月
이선희	'眼紅', '眼熱', '眼饞'의 품사 표기 문제점과 통사용법 소고(小考),『中國學論叢』, 第56輯, 大田, 韓國中國文化學會, 2017年 12月
이성남·임소영	세종의 왕도정치에 미친≪大學衍義≫의 영향 -≪세종실록≫의 기록을 중심으로 -,『中國學論叢』, 第53輯, 大田, 韓國中國文化學會, 2017年 3月
이소동	고대중국어 경제적 언어사용의 실체성 연구,『中國文化

研究』, 第35輯, 서울, 中國文化研究學會, 2017年 2月

이소동 　고대중국어 동사의 지칭성 연구-《史記·列傳》내 목
　　　　　적어 위치를 중심으로, 『中國語文論叢』, 第79輯, 서울,
　　　　　中國語文研究會, 2017年 2月

이소림 　'V得 결과구문과 사동구문의 상호교체 및 의미 분석에 관
　　　　　한 小考, 『中國學報』, 第79輯, 서울, 韓國中國學會, 2017
　　　　　年 2月

이수민 　『姑妄言』의 풍자성 탐색, 『中國學研究』, 第82輯, 서울,
　　　　　中國學研究會, 2017年 11月

이수정 　中唐 悼亡詩 研究, 이화여대 대학원 석사 논문, 2016

李淑娟 　臺灣原住民文學論述與多元文化社會的省思, 『中國人
　　　　　文科學』, 第66輯, 광주, 中國人文學會, 2017年 8月

이승신·송정화·채수민 　《萬曆野獲編·士人》 飜譯 및 註釋(2), 『中國
　　　　　語文論叢』, 第79輯, 서울, 中國語文研究會, 2017年 2月

이승은 　현대 중국사회 이해를 위한 방법론적 고찰과 CGSS의 논의
　　　　　지형, 『中國學研究』, 第80輯, 서울, 中國學研究會, 2017
　　　　　年 6月

이승희 　제4차 산업혁명 시대 놀이문화를 위하여-한·중 게임산
　　　　　업을 중심으로, 『中國語文論譯叢刊』, 第41輯, 서울, 中
　　　　　國語文論譯學會, 2017年 7月

이승희 　한국전쟁의 21세기적 소비 양상-〈태극기 휘날리며〉와
　　　　　〈집결호〉 비교를 중심으로, 『韓中言語文化研究』, 第45
　　　　　輯, 서울, 韓國中國言語文化研究會, 2017年 8月

이시찬 　《반야심경》으로 분석한 《서유기》 연구, 『中國文學研

究』, 第67輯, 서울, 韓國中文學會, 2017年 5月

이시활　전통과 근대의 바다 - 한국과 중국의 20세기 전반기 바다 관련 시 고찰,『中國學』, 第60輯, 부산, 大韓中國學會, 2017年 9月

이쌍검 · 남양우　論漢語介詞句否定式的无標記否定焦點,『中國言語硏究』, 第68輯, 서울, 韓國中國言語學會, 2017年 2月

이어빈　루쉰과 량스추의 번역논쟁에 관한 小考,『中國學』, 第60輯, 부산, 大韓中國學會, 2017年 9月

이연도　章炳麟의 이상사회론 탐구,『中國學報』, 第79輯, 서울, 韓國中國學會, 2017年 2月

이연도　양계초의 '국가'와 '자유' 개념 고찰,『中國學報』, 第81輯, 서울, 韓國中國學會, 2017年 8月

이연숙 · 이미경 · 이강재 · 신원철 · 손남호 · 김석영 · 감나래　중국 출판 현대 중국어 교재의 시기별 현황과 특징 연구,『中國言語硏究』, 第69輯, 서울, 韓國中國言語學會, 2017年 4月

이연숙 · 이미경 · 이강재 · 손남호 · 소민정 · 김석영 · 감나래 · 신원철　중국어 교재 평가 체크리스트 개발 연구,『中國語 敎育과 硏究』, 第25號, 서울, 韓國中國語敎育學會, 2017年 6月

이연숙 · 이미경 · 이강재 · 손남호 · 김석영 · 감나래 · 신원철 · 박종한　현행 중등 중국어 교과서의 문화요소에 대한 연구,『中國文學』, 第92輯, 서울, 韓國中國語文學會, 2017年 8月

이영숙　地理 · 種族 · 젠더의 시대적 의미,『中國文化硏究』, 第38輯, 서울, 中國文化硏究學會, 2017年 11月

李英月 · 金承賢　'牛'의 문법화와 역문법화 현상,『中國語 敎育과 硏究』,

	第25號, 서울, 韓國中國語敎育學會, 2017年 6月
이영호	古代中國語 語料 硏究,『中國人文科學』, 第67輯, 광주, 中國人文學會, 2017年 12月
이옥주	표준중국어 음절유형에 대한 유형론적 고찰,『中語中文學』, 第68輯, 서울, 韓國中語中文學會, 2017年 6月
이옥주 · 이현선	음운과 문자 연구 성과물 집적 동향,『中國文學』, 第93輯, 서울, 韓國中國語文學會, 2017年 11月
이옥하	'二李詞'의 감정어 활용 특질 小考,『中國學論叢』, 第53輯, 大田, 韓國中國文化學會, 2017年 3月
이옥하	唐五代 文人詠物詞 考察 (2),『中國人文科學』, 第65輯, 광주, 中國人文學會, 2017年 4月
이용태 · 유재성	吳濁流 短篇小說 小考,『韓中言語文化硏究』, 第44輯, 서울, 韓國中國言語文化硏究會, 2017年 5月
李宇哲 · 謝衛菊	≪史記≫帶賓連謂結構的特徵和發展硏究,『中國文化硏究』, 第38輯, 서울, 中國文化硏究學會, 2017年 11月
李宇哲 · 謝衛菊	主謂句完句過程中体現出的有界性特徵,『中語中文學』, 第70輯, 서울, 韓國中語中文學會, 2017年 12月
이운재	인지언어학에 접근한 '장소구문'의 의미 기능 연구,『中國言語硏究』, 第68輯, 서울, 韓國中國言語學會, 2017年 2月
이운재	장형양사 '條'의 범주 확장에 관한 연구 - 범주화와 원형이론을 근거로 - ,『中國文學』, 第91輯, 서울, 韓國中國語文學會, 2017年 5月
이위위 · 장태원	새로 발굴된 출토문헌으로 본 ≪論語≫의 "今之矜也忿戾"와 "攻乎異端, 斯害也已"에 대한 새로운 접근 모색,『

中國學報』, 第82輯, 서울, 韓國中國學會, 2017年 11月

李有眞·李京珍·金鉉哲·金主希　중국어 교육현황 조사 및 분석 연구, 『
中國語文學論集』, 第102號, 서울, 中國語文學研究會,
2017年 2月

李有鎭　대전통·소전통 담론의 전복인가, 변주인가?, 『中國語文
學論集』, 第102號, 서울, 中國語文學研究會, 2017年 2月

이윤희　1940년대 '5·4'신문학 계승의 의미와 가치, 『中國現代文
學』, 第80號, 서울, 韓國中國現代文學學會, 2017年 1月

이은경　'能不能VP'와 '能VP嗎'의 의미차이 - 화행과 한국어 대응
형식 고찰, 『中國言語研究』, 第68輯, 서울, 韓國中國言
語學會, 2017年 2月

이은경　추측의 '會'구문의 양태부정과 명제부정의 차이에 대한 힘
역학적 해석, 『中國學報』, 第79輯, 서울, 韓國中國學會,
2017年 2月

李恩京　제안의 '要不'와 '還是'의 의미차이에 대한 인지적 설명, 『
中國語文學論集』, 第102號, 서울, 中國語文學研究會,
2017年 2月

李銀珍　亂世속 治世의 記錄, 『中國語文學論集』, 第103號, 서울,
中國語文學研究會, 2017年 4月

이은화　어휘투명도를 활용한 중국어 어휘 교수·학습 방안 연구,
『中國言語研究』, 第73輯, 서울, 韓國中國言語學會,
2017年 12月

이인경　魏晉南北朝 志怪小說 속 '仙境' 이미지와 예술적 성취 -
仙境 유람 유형 志怪小說을 중심으로 - 『中國文學研究』,

第68輯, 서울, 韓國中文學會, 2017年 8月

이인경 　祭祀와 관련된 '示' 부수 漢字에 반영된 고대 중국인의 文化思維, 『中國文化硏究』, 第38輯, 서울, 中國文化硏究學會, 2017年 11月

이자강 　『文心雕龍』 虛詞 硏究, 국민대 대학원 석사 논문, 2016

이재령 　1920년대 전후 북경(北京)의 유학환경과 한인학생(韓人學生) 현황, 『中國學報』, 第80輯, 서울, 韓國中國學會, 2017年 5月

이재혁 　神思의 작용 : 변증법적 결합의 연쇄, 『中國文學』, 第92輯, 서울, 韓國中國語文學會, 2017年 8月

이정림 　論《文心雕龍·雜文》篇的"對問"體, 『韓中言語文化硏究』, 第43輯, 서울, 韓國中國言語文化硏究會, 2017年 2月

이정재 　日本 關西大學 所藏 鼓詞 《大明興隆》 硏究, 『中國文學』, 第93輯, 서울, 韓國中國語文學會, 2017年 11月

이정현 　高等學校 漢文敎育用 基礎漢字 900字의 形聲字 分析 : 形聲字 聲符의 表意機能을 中心으로, 고려대 교육대학원 석사 논문, 2016

이정훈 　자장커(賈樟柯) 영화의 궤적과 《天注定》의 새로운 시도, 『中國語文學志』, 第60輯, 서울, 中國語文學會, 2017年 9月

이정훈 　『山河故人』의 새로운 인물형상과 자장커의 '변신', 『中國現代文學』, 第83號, 서울, 韓國中國現代文學學會, 2017年 10月

이제우 　'중국문언' 교과의 번역교육 - 역문의 형태를 중심으로, 『中國語文論譯叢刊』, 第40輯, 서울, 中國語文論譯學會,

2017年 1月

이종무   貶謫文人의 작품 속 심리양상 고찰 Ⅱ : '원망',『中國人文科學』, 第65輯, 광주, 中國人文學會, 2017年 4月

이종민   21세기 중국 문명국가의 길을 찾아서,『中國現代文學』, 第83號, 서울, 韓國中國現代文學學會, 2017年 10月

이종찬 · 윤관진 · 채상수   한중 무역변화에 대한 한중 FTA 발효효과 분석 - 전자기기산업을 중심으로,『中國學』, 第60輯, 부산, 大韓中國學會, 2017年 9月

이종화 · 장윤미   대안적 중국연구를 위한 비판적 소고(小考),『中國學研究』, 第82輯, 서울, 中國學研究會, 2017年 11月

이주노   ≪魯迅全集≫ 版本에 관한 연구,『中國人文科學』, 第66輯, 광주, 中國人文學會, 2017年 8月

李周殷   漢字文化學을 통하여 본 漢字 字形의 의미 고찰,『中國文化研究』, 第35輯, 서울, 中國文化研究學會, 2017年 2月

이주은   標記"了"的認知解析考察,『中國學論叢』, 第53輯, 大田, 韓國中國文化學會, 2017年 3월

이주해   자식에게 주는 아버지의 글 - 경험과 기록,『中國語文學志』, 第59輯, 서울, 中國語文學會, 2017年 6月

이주현   원굉도(袁宏道)의 자아 찾기, '한적(閑適)'의 추구와 실천,『中國語文學志』, 第59輯, 서울, 中國語文學會, 2017年 6月

이주희   시품의 풍격과 한국 은사문화의 건축, 가천대 대학원 박사논문, 2016

이준식   패러디에 감춰진 시대적 진실 - 魯迅「理水」論,『中國學報』, 第81輯, 서울, 韓國中國學會, 2017年 8月

이중희·구은미	중국 학부 유학생의 입학 유형 연구 - 2016년도 D 대학 사례 연구, 『中國學研究』, 第80輯, 서울, 中國學研究會, 2017年 6月
李志宣·金鉉宰	중국 한자(漢字)의 베트남으로 유입과 발전, 쇠퇴에 관한 연구, 『中國學』, 第61輯, 부산, 大韓中國學會, 2017年 12月
이지영	실전(失傳)된 곽이(郭迻) 『신정일절경류음(新定一切經類音)』의 복원 연구, 『中國言語研究』, 第69輯, 서울, 韓國中國言語學會, 2017年 4月
이지영	속음(俗音)의 형성 원인에 대한 초탐(初探), 『中國言語研究』, 第73輯, 서울, 韓國中國言語學會, 2017年 12月
이지원	중국어 맞장구 표현 - 중국인 화자와 한국인 중국어 화자 간의 대화를 중심으로, 『中國文學研究』, 第66輯, 서울, 韓國中文學會, 2017年 2月
이지은	《繡像繪圖長生殿》 삽화 연구 - 삽화를 통해 살펴본 종교사상, 『中國語文論叢』, 第79輯, 서울, 中國語文研究會, 2017年 2月
이지은·한수현	중국어 교육용 신조어 선정과 교수법에 관한 시론, 『中國語 敎育과 硏究』, 第25號, 서울, 韓國中國語敎育學會, 2017年 6月
李知恩·金兌垠	현행 대학교육의 교직이수과목에 대한 고찰, 『中國語文學論集』, 第106號, 서울, 中國語文學研究會, 2017年 10月
이지현	동사의 동작류 분류, 『中國語文論譯叢刊』, 第40輯, 서울, 中國語文論譯學會, 2017年 1月
이지현·이창호	현대 중국어 배치/창조 의미 존재 동사 NP 목적어의 한정

성 비교 분석, 『中國言語硏究』, 第69輯, 서울, 韓國中國
言語學會, 2017年 4月

이지현   현대 중국어 반의어 형용사 '大/小'류와 '熱/冷'류의 의미
척도 체계와 상적 특성 비교 분석, 『中語中文學』, 第68輯,
서울, 韓國中語中文學會, 2017年 6月

이지현   현대 중국어 비등급(non-gradable) 형용사의 등급적 용
법 분석, 『中國學報』, 第81輯, 서울, 韓國中國學會, 2017
年 8月

이진용   고환(顧歡)의 '도(道)' 개념 연구-무명(無名)·유명(有
名), 무유체용(無有體用)을 중심으로, 『中國學報』, 第80
輯, 서울, 韓國中國學會, 2017年 5月

이찬우·김민창   중국의 기술혁신과 지역경제성장간의 상호관계 연구, 『中
國學硏究』, 第82輯, 서울, 中國學硏究會, 2017年 11月

이창호·이지현   현대 중국어 배치/창조 의미 존재 동사 NP 목적어의 한정
성 비교 분석, 『中國言語硏究』, 第69輯, 서울, 韓國中國
言語學會, 2017年 4月

이철근   反夏, 降用, 換義, 詭諧在小品中的使用特點及其修辭效
果, 『中國學報』, 第79輯, 서울, 韓國中國學會, 2017年 2月

이철근   "V着的N"及"V着的"類型與功能考察, 『中國語文學』, 第
76輯, 대구, 嶺南中國語文學會, 2017年 12月

이태수   ≪忠義直言≫에 나타난 古今 同義語 動詞의 連用 現象
硏究, 『中國文學』, 第92輯, 서울, 韓國中國語文學會,
2017年 8月

이태수   ≪忠義直言≫에 나타난 古今 同義語의 連用 現象 硏究

	―副詞・前置詞・方位詞를 中心으로, 『中國學論叢』, 第55輯, 大田, 韓國中國文化學會, 2017年 9月
이태형	≪碧鷄漫志≫ 譯註⑴, 『中國語文學』, 第76輯, 대구, 嶺南中國語文學會, 2017年 12月
이해윤	朝鮮後期 『經史百家音訓字譜』 解題, 『中語中文學』, 第67輯, 서울, 韓國中語中文學會, 2017年 3月
이현민	한국 TV미디어와 중국 고전 환상서사의 텍스트 상호관계, 『中國學硏究』, 第82輯, 서울, 中國學硏究會, 2017年 11月
李賢馥	瞿秋白의 『新俄國遊記』을 통해 본 개혁 운동에 대한 반성과 전환의 모색, 『中國現代文學』, 第80號, 서울, 韓國中國現代文學學會, 2017年 1月
이현복・성옥례	좌익문학의 역사적 정의와 그 상상, 『中國語文論叢』, 第79輯, 서울, 中國語文硏究會, 2017年 2月
이현선・이옥주	음운과 문자 연구 성과물 집적 동향, 『中國文學』, 第93輯, 서울, 韓國中國語文學會, 2017年 11月
이현우	明・淸代 文人의 觀念的 隱逸과 空間 認識, 『韓中言語文化硏究』, 第43輯, 서울, 韓國中國言語文化硏究會, 2017年 2月
이현정	"예술의 정치화"의 관점에서 본 옌안 문예좌담회의 의미, 『中國現代文學』, 第81號, 서울, 韓國中國現代文學學會, 2017年 4月
이혜정	문말조사 "呢"의 의미고찰, 『中國語文學』, 第74輯, 대구, 嶺南中國語文學會, 2017年 4月
李曉凡・金廷奎	중국과 한국 소비자의 광고수용 비교연구, 『中國學』, 第

	61輯, 부산, 大韓中國學會, 2017年 12月
이효영	딕토글로스 활동이 중국어 학습자의 중국어 능력 및 학습 태도에 미치는 효과 연구 - 학습자 수준에 따른 비교 중심으로, 『中國言語硏究』, 第69輯, 서울, 韓國中國言語學會, 2017年 4月
이효영	학습자 중심 교양중국어 교육과정 개발 연구 - 교육과정 현황 조사 및 학습자 요구 분석을 중심으로, 『中國學』, 第59輯, 부산, 大韓中國學會, 2017年 6月
이희경	1980년대 중국사회의 동일성과 공감장, 『中國人文科學』, 第65輯, 광주, 中國人文學會, 2017 4月
이희경	아나키스트 작가 바진(巴金)이 바라본 스페인 내전, 『中國現代文學』, 第82號, 서울, 韓國中國現代文學學會, 2017年 7月
이희경	문혁에 내재된 대안 근대성의 요소들, 『中國人文科學』, 第67輯, 광주, 中國人文學會, 2017年 12月
이희옥	중국의 '전략적 동반자 관계' 외교의 유형화 시론(試論), 『中國學硏究』, 第82輯, 서울, 中國學硏究會, 2017年 11月
이희옥 · 왕　원	중국의 '전략적 동반자 관계' 외교의 유형화 시론(試論), 『中國學硏究』, 第82輯, 서울, 中國學硏究會, 2017年 11月
이희진	중국인의 한국드라마 시청이 문화유입 수용성에 미치는 영향, 『中國學硏究』, 第82輯, 서울, 中國學硏究會, 2017年 11月
林　艶	基于韓日學生學習風格差異與民族性格的對外漢語敎學硏究, 『中國人文科學』, 第67輯, 광주, 中國人文學會,

2017年 12月

임규섭   세계화 시대, 화평연변(和平演變)에 대한 중국의 인식 및 대응,『中國學硏究』, 第82輯, 서울, 中國學硏究會, 2017年 11月

임반석   중국의 지역무역 협정에 대한 인식 및 전략의 변화와 특징,『中國學論叢』, 第54輯, 大田, 韓國中國文化學會, 2017年 6月

임상범   2000년 이후 한국의 5·4신문화운동 연구 동향과 향후 과제,『中國學報』, 第81輯, 서울, 韓國中國學會, 2017年 8月

임소영·이성남   세종의 왕도정치에 미친《大學衍義》의 영향 -《세종실록》의 기록을 중심으로 - ,『中國學論叢』, 第53輯, 大田, 韓國中國文化學會, 2017年 3月

임소정·유 위   중국어 '点儿'과 한국어 '좀'의 의미 기능 및 의미 확장 과정의 비교,『中國文學』, 第90輯, 서울, 韓國中國語文學會, 2017年 2月

임연정   중국어 학습자의 문화 간 감수성 분석 및 교육방안 제안,『中國人文科學』, 第66輯, 광주, 中國人文學會, 2017年 8月

임연정   대학생의 창의성 및 인성 함양을 위한 중국어교육 방안 시탐(試探),『中國學硏究』, 第81輯, 서울, 中國學硏究會, 2017年 8月

林娟廷   탄뎀학습법을 활용한 활동식 중국어교육의 문제점 및 발전방향에 관한 질적 연구,『中國語文學論集』, 第106號, 서울, 中國語文學硏究會, 2017年 10月

임영택   試論打文法化의 統辭的 變化機制,『中國文學硏究』,

	第66輯, 서울, 韓國中文學會, 2017年 2月
林英花	한국어 중국 漢字語와 중국어 어휘의 對應과 非對應 관계에 관한 연구 문제, 『中國學』, 第58輯, 부산, 大韓中國學會, 2017年 3月
林雨馨	閻連科小說 ≪四書≫ 倣聖經體語言研究, 『中國小說論叢』, 第53輯, 서울, 韓國中國小說學會, 2017年 12月
任元彬	溫庭筠의 禪詩 研究, 『中國語文學論集』, 第106號, 서울, 中國語文學硏究會, 2017年 10月
임은정	쑤칭(蘇青) 소설의 일상 서사 연구, 고려대 대학원 석사 논문, 2016
任子田·李 穎	西晉世, 庶對立背景下的文人生態, 『中語中文學』, 第70輯, 서울, 韓國中語中文學會, 2017年 12月
임재민	언어와 문화 통합교육에 대한 예비 중국어 교사의 인식 연구, 『中國言語研究』, 第68輯, 서울, 韓國中國言語學會, 2017年 2月
임재민	중국어 병음 청취식별력 발달 연구, 『韓中言語文化研究』, 第46輯, 서울, 韓國中國言語文化研究會, 2017年 11月
임재민	예비 중국어 교사의 수업력에 관한 사례 연구, 『中國語敎育과 研究』, 第26號, 서울, 韓國中國語敎育學會, 2017年 12月
任祉泳	花園莊東地甲骨文에 보이는 商代의 疾病, 『中國語文學論集』, 第102號, 서울, 中國語文學硏究會, 2017年 2月
임지영	"V+給"구조에 대한 재(再)고찰, 『中國人文科學』, 第66輯, 광주, 中國人文學會, 2017年 8月

임춘매	중국어 동사 '타(打)'의 의미 분석, 『中國言語硏究』, 第69輯, 서울, 韓國中國言語學會, 2017年 4月
임춘성	방법으로서의 문화연구와 중국문학, 『中國學硏究』, 第79輯, 서울, 中國學硏究會, 2017年 3月
임춘영	≪백가강단≫ 당송팔대가론의 현재적 해석, 『中國學硏究』, 第79輯, 서울, 中國學硏究會, 2017年 3月
임현수	중국 고대 巫敎 인식에 관한 연구 - 商代 巫의 사회적 위상을 중심으로, 『中國文化硏究』, 第35輯, 서울, 中國文化硏究學會, 2017年 2月
자오이판	중국 근대 언론사상가 강유위와 양계초에 관한 연구, 청주대 대학원 석사 논문, 2016
장 극	商周 靑銅器 銘文書藝硏究, 원광대 대학원 박사 논문, 2016
장 영	윤동주와 셰빙신(謝冰心)의 작품 비교 연구, 중앙대 대학원 석사 논문, 2016
章 蓉	現代漢語强調標記詞"可"和"是"的語法功能及其敎學法考, 『中國語 敎育과 硏究』, 第25號, 서울, 韓國中國語敎育學會, 2017年 6月
장 용	'태(台)(대(臺))'자(字)로 구성된 중국 지명의 한자음(漢字音) 표기고(考), 『中國言語硏究』, 第71輯, 서울, 韓國中國言語學會, 2017年 8月
장 임	≪前鋒月刊≫戰爭題材小說硏究, 『中國文學硏究』, 第66輯, 서울, 韓國中文學會, 2017年 2月
張 喬·張泰源	≪圍城≫和≪白鹿原≫中的 "把"字 句 比較硏究, 『中國

人文科學』, 第67輯, 광주, 中國人文學會, 2017年 12月

장금주 · 나민구   사회언어학적 관점에서 본 상하이어의 현황과 전망,『中
國學報』, 第82輯, 서울, 韓國中國學會, 2017年 11月

장금주 · 나민구   유덕화(劉德華) 강연 텍스트 "給世界一個微笑"의 수사학
적 분석,『中國言語硏究』, 第73輯, 서울, 韓國中國言語
學會, 2017年 12月

張德强 · 高 洁   시행학습(trial-learning)의 이론, 전략 그리고 실천,『中國
語文論譯叢刊』, 第40輯, 서울, 中國語文論譯學會, 2017
年 1月

장동천 · 王 娟   欲望, 殘缺, 神性 - 施蟄存歷史小說中的存在主義困境,
『中國語文論叢』, 第80輯, 서울, 中國語文硏究會, 2017
年 4月

장선우   통계 분석을 통한 분야별 중국어 신조어 특징 고찰,『中國
學報』, 第80輯, 서울, 韓國中國學會, 2017年 5月

장선우   통계 분석을 통한 분야별 중국어 신조어 특징 고찰,『中國
學報』, 第81輯, 서울, 韓國中國學會, 2017年 8月

장영희   「離騷」에 나타난 屈原의 작가정신 : 그의 실존적 비극성
과 저항성을 중심으로, 연세대 대학원 석사 논문, 2016

張玉潔   金克己와 謝靈運의 山水詩 比較 硏究, 중앙대 대학원 석
사 논문, 2016

장유유   高麗俗謠와 宋詞의 主題意識 比較硏究, 제주대 대학원
석사 논문, 2016

장윤미 · 이종화   대안적 중국연구를 위한 비판적 소고(小考),『中國學硏
究』, 第82輯, 서울, 中國學硏究會, 2017年 11月

장윤선   쑤퉁(蘇童)의 '향춘수가(香椿樹街)' 연작 소설에 나타난 청소년 형상 고찰, 『中國文學硏究』, 第69輯, 서울, 韓國中文學會, 2017年 11月

장은영   협동학습 모형을 활용한 중국어 고문 교육 연구, 『中國學』, 第60輯, 부산, 大韓中國學會, 2017年 9月

장정임   ≪論語·爲政≫ "至於犬馬皆能有養"의 의미 재고찰, 『中國語文論叢』, 第80輯, 서울, 中國語文硏究會, 2017年 4月

장정임   以의 문법화 과정 고찰(下) - ≪詩經≫에 나타난 용례를 바탕으로, 『中國語文論叢』, 第84輯, 서울, 中國語文硏究會, 2017年 12月

張婷婷   明代江浙徽散曲入韻字與≪中原音韻≫比較硏究, 『中國人文科學』, 第67輯, 광주, 中國人文學會, 2017年 12月

장준영   공자(孔子)의 인성론과 그 교육철학 "다시보기", 『中國語敎育과 硏究』, 第26號, 서울, 韓國中國語敎育學會, 2017年 12月

張進凱·金鉉哲 'V/A+得+一+Nm+X' 구문 중 'Nm'의 인지적 연구, 『中國語文學論集』, 第103號, 서울, 中國語文學硏究會, 2017年 4月

장진개·구경숙 'V/A+得+全+Nm+X'의 중 Nm의 분류 와 '全'의 중 Nm의 분류와 '全'의 의미, 『中國言語硏究』, 第69輯, 서울, 韓國中國言語學會, 2017年 4月

장진개·김현철 현대중국어 'V/A+得+一+Nm+X' 구문의 하위분류와 '一'의 의미 분석, 『中國言語硏究』, 第70輯, 서울, 韓國中國言

	語學會, 2017年 6月
장진개 · 구경숙	'V/A+得+全+Nm+X'구문의 하위분류와 '全'의 '배경선정'기능 연구, 『中國言語硏究』, 第71輯, 서울, 韓國中國言語學會, 2017年 8月
장춘석	유교 · 불교 · 기독교의 대표 식물의 상징 연구, 『中國人文科學』, 第67輯, 광주, 中國人文學會, 2017年 12月
장치엔	위화(余華)의 소설 『허삼관매혈기』와 한국영화 『허삼관』 비교 연구, 동양대 대학원 석사 논문, 2016
장태원 · 리웨이웨이	出土文獻≪論語≫經文異文的文字學的考察, 『中國語文學志』, 第60輯, 서울, 中國語文學會, 2017年 9月
장태원 · 이위위	새로 발굴된 출토문헌으로 본 ≪論語≫의 "今之矜也忿戾"와 "攻乎異端, 斯害也已"에 대한 새로운 접근 모색, 『中國學報』, 第82輯, 서울, 韓國中國學會, 2017年 11月
張泰源 · 張 霽	≪圍城≫和≪白鹿原≫中的 "把"字 句 比較硏究, 『中國人文科學』, 第67輯, 광주, 中國人文學會, 2017年 12月
張學城 · 薄迎迎	≪楚辭疏≫訓詁硏究, 『中國語文學論集』, 第106號, 서울, 中國語文學硏究會, 2017年 10月
장호득	현대중국어 相 표지 '過' 관련 구조 중한 대조 분석, 『中國文學硏究』, 第68輯, 서울, 韓國中文學會, 2017年 8月
쌍용웨이 · 박흥수	"X控"族新詞探析, 『中國學報』, 第80輯, 서울, 韓國中國學會, 2017年 5月
쌍용웨이 · 맹주억	現代漢語親屬稱謂名詞的類後綴化現象分析, 『中國語文學』, 第75輯, 대구, 嶺南中國語文學會, 2017年 8月
전가람	조희룡(趙熙龍)의 유희정신(遊精神)과 그 발현(發現), 『

	中國人文科學』, 第66輯, 광주, 中國人文學會, 2017年 8月
전광진	타이완 세딕어 한글 서사체계의 보완 및 활용에 관한 연구, 『中國文學硏究』, 第66輯, 서울, 韓國中文學會, 2017年 2月
全基廷	중한 대등접속의 대조분석, 『中國語文學論集』, 第103號, 서울, 中國語文學硏究會, 2017年 4月
전명용 · 송용호	『손자병법』 · 『노자』의 동질성과 그 현실적 운용 연구, 『中國學硏究』, 第80輯, 서울, 中國學硏究會, 2017年 6月
전생방 · 유수경	'誰也贏不了'류 구문의 중의성 분석, 『中國文學硏究』, 第67輯, 서울, 韓國中文學會, 2017年 5月
全恩淑	明末淸初 소설의 여성인물 형상 變奏와 문화적 배경, 『中國語文學論集』, 第102號, 서울, 中國語文學硏究會, 2017年 2月
정 금	화교 중고등학생의 문화적응 스트레스, 중국어 및 한국어 능력과 학교적응과의 관련성, 서울대 대학원 석사 논문, 2016
鄭 輝 · 안기섭 · 정성임	'得'를 사용하지 않은 정도보어 형식 중의 보어 성격에 대하여, 『中國人文科學』, 第67輯, 광주, 中國人文學會, 2017年 12月
鄭廣薰	唐代 신라와 고구려인의 越境, 그리고 소설 속 그들의 형상, 『中國小說論叢』, 第52輯, 서울, 韓國中國小說學會, 2017年 8月
정나영	중국어 문화 교육에 있어 독서 활용방안, 숙명여대 교육대학원 석사 논문, 2016

정부생·왕문연   蘇曼殊書信硏究,『中國語文學論集』, 第107號, 서울, 中國語文學硏究會, 2017年 12月

鄭宣景   신선설화를 읽는 방법,『中國語文學論集』, 第104號, 서울, 中國語文學硏究會, 2017年 6月

정성은   童話의 悲劇 - 朦朧派 시인 꾸청(顧城) 시 解讀,『中國語文學志』, 第60輯, 서울, 中國語文學會, 2017年 9月

정성임   현대 중국어 '一起' 출현 구문의 의미·화용적 고찰,『中語中文學』, 第67輯, 서울, 韓國中語中文學會, 2017年 3月

정성임·안기섭·허봉격   '就'·'就是'의 詞典 해석상의 문제에 대하여 - 의미항·품사·어법단위를 중심으로,『中國學硏究』, 第79輯, 서울, 中國學硏究會, 2017年 3月

정성임   古代漢語 '表敬' 어휘의 詞性에 관하여 - 副詞에 귀속시켜 온 어휘를 중심으로 - ,『中國言語硏究』, 第71輯, 서울, 韓國中國言語學會, 2017年 8月

정성임·鄭 輝·안기섭   '得'를 사용하지 않은 정도보어 형식 중의 보어 성격에 대하여,『中國人文科學』, 第67輯, 광주, 中國人文學會, 2017年 12月

정승민   『장자』 우언 속의 교육철학과 중국어교육, 부산대 대학원 석사 논문, 2016

鄭升硯   일본의 대중국 통상구조 및 전략변화 분석을 통한 중일 통상관계 연구,『中國學』, 第58輯, 부산, 大韓中國學會, 2017年 3月

정우광   '葉珊' 시기 楊牧의 시 연구,『中國文化硏究』, 第36輯, 서울, 中國文化硏究學會, 2017年 5月

정원지	韓中五方觀念의 展開와 意味,『中國學報』, 第79輯, 서울, 韓國中國學會, 2017年 2月
정원호	孔子의 敎學思想 탐구,『中國學』, 第59輯, 부산, 大韓中國學會, 2017年 6月
정유선	중국 戲曲年畫의 시각적 내러티브-三國戲를 중심으로,『中國語文論譯叢刊』, 第40輯, 서울, 中國語文論譯學會, 2017年 1月
정유선	≪長物志≫의 문헌적 가치 및 관련 연구 성과 검토,『中國語文論譯叢刊』, 第41輯, 서울, 中國語文論譯學會, 2017年 7月
鄭莉芳	臺灣國語中的閩南語特有詞兩岸使用現況研究,『中國學研究』, 第82輯, 서울, 中國學研究會, 2017年 11月
정인숙·박봉순	중국 고문 교수법 방안 연구-스토리텔링 기법을 활용한 "大學"읽기,『中國學論叢』, 第56輯, 大田, 韓國中國文化學會, 2017年 12月
정인정	현대중국어 부사 '從來'의 의미 기능 연구-'확률' 의미를 중심으로,『中國語文論譯叢刊』, 第40輯, 서울, 中國語文論譯學會, 2017年 1月
정인정	중국어 경험 표현 사용의 오류 분석과 교육적 적용-경험문의 '존재' 의미 관점에서,『中國學研究』, 第79輯, 서울, 中國學研究會, 2017年 3月
정인정	사실조건을 나타내는 '如果說p, (那麼)q'의 의미기능-인식/화행 영역에서의 용법을 중심으로,『中國言語研究』, 第70輯, 서울, 韓國中國言語學會, 2017年 6月

정주영	先秦시기 문헌에 출현한 접속사 '而'에 대한 소고 - 詩經, 左傳, 論語를 중심으로, 『中國語文學論集』, 第107號, 서울, 中國語文學研究會, 2017年 12月
정중석	예자오옌·쑤퉁·김영하 소설의 염세적 서사, 『中國現代文學』, 第80號, 서울, 韓國中國現代文學學會, 2017年 1月
정지수	개체성 상태동사와 지속상 표지 '着'의 결합현상 연구 - '有着'를 중심으로, 『中國語文論叢』, 第82輯, 서울, 中國語文研究會, 2017年 8月
정지현	兩漢書의 神異 敍事 硏究, 서울대 대학원 박사 논문, 2016
정진강·Piao Hongying	模因論視野下漢語會話課教學的思考與探索, 『中國語文論譯叢刊』, 第40輯, 서울, 中國語文論譯學會, 2017年 1月
정진걸	白居易 百韻排律의 특징 고찰 - 章法 분석을 중심으로, 『中國文學』, 第92輯, 서울, 韓國中國語文學會, 2017年 8月
정진걸	白居易 百韻排律의 通俗性, 『中國文學』, 第93輯, 서울, 韓國中國語文學會, 2017年 11月
정진선	裴鉶 傳奇의 환상성 연구, 고려대 대학원 석사 논문, 2016
程珮玲	臺灣華語相鄰語對中問答類型的話輪轉換時間, 『中國語 教育과 研究』, 第25號, 서울, 韓國中國語教育學會, 2017年 6月
鄭台業	蘇門四學士 貶謫前後詞 比較, 『中國學』, 第61輯, 부산, 大韓中國學會, 2017年 12月
丁海里	중국 근대 조선 사행록(使行錄) 속 조선 인식의 변용과

기억 : 괴령(魁齡)의 〈東使紀事詩略〉과 마건충(馬建忠)
의 〈東行三錄〉을 중심으로, 『中國人文科學』, 第67輯,
광주, 中國人文學會, 2017年 12月

鄭憲哲·千大珍　柳永의 小說化에 대한 고찰, 『中國學』, 第58輯, 부산, 大
韓中國學會, 2017年 3月

鄭賢愛　　말뭉치 자료 분석을 통한 방위사 '中'의 탐색, 『中國語文
學論集』, 第103號, 서울, 中國語文學硏究會, 2017年 4月

정현애　　한국어 '안'과 '속', 중국어 '里'와 '中'의 대조연구, 『中國文
學硏究』, 第68輯, 서울, 韓國中文學會, 2017年 8月

정혜인　　현대중국어 '一旦'과 한국어 '일단'의 의미 대조, 『中國語
敎育과 硏究』, 第26號, 서울, 韓國中國語敎育學會, 2017
年 12月

정혜인　　언어유형학적 시각에서 본 중국어 연속동사 구문(Serial
Verb Constructions)의 정의와 범위, 『中國言語硏究』, 第
73輯, 서울, 韓國中國言語學會, 2017年 12月

제　민　　韓·中 女性 漢詩文學 硏究, 강남대 대학원 박사 논문,
2016

제윤지·박홍수　준접사 '客'에 대한 연구, 『韓中言語文化硏究』, 第45輯,
서울, 韓國中國言語文化硏究會, 2017年 8月

제해성　　《문장정종(文章正宗)》의 편찬체제(編纂體制)와 진덕
수(眞德秀) 문체론(文體論)의 독창성(獨創性) 연구(硏
究), 『中國語文學志』, 第59輯, 서울, 中國語文學會,
2017年 6月

조경환　　The Structural Principles of the Chinese Language에 관한

	소고, 『中國語文論叢』, 第79輯, 서울, 中國語文研究會, 2017年 2月
조경환	把個句에 관한 소고, 『中國語文論叢』, 第82輯, 서울, 中國語文研究會, 2017年 8月
趙寬熙	루쉰의 중국 고대소설 연구 1, 『中國小說論叢』, 第52輯, 서울, 韓國中國小說學會, 2017年 8月
조대원 · 김형기	웨이신 공중계정에 대한 사례연구, 『中國學論叢』, 第56輯, 大田, 韓國中國文化學會, 2017年 12月
조득창 · 조성천	李白의 <與賈少公書>와 <爲趙宣城與楊右相書>역해, 『中國語文論叢』, 第81輯, 서울, 中國語文研究會, 2017年 6月
조미원	'金陵 콤플렉스와 기억의 서사—≪紅樓夢≫에 나타난 '南京의 표상과 의미, 『中國語文論叢』, 第80輯, 서울, 中國語文研究會, 2017年 4月
趙旻祐	張曜孫 『續紅樓夢』 중 "歲寒樓"와 秋史 金正喜, 『中國語文學論集』, 第102號, 서울, 中國語文學研究會, 2017年 2月
조보로	莫言小說≪生死疲勞≫韓譯本中文化負載詞的翻譯策略, 『中國文學』, 第91輯, 서울, 韓國中國語文學會, 2017年 5月
조보로	莫言小說≪生死疲勞≫韓譯本中對文化缺省的補償策略, 『中語中文學』, 第68輯, 서울, 韓國中語中文學會, 2017年 6月
조봉래	중국공산당의 동남아화교에 대한 정책의 변화와 그 사상

	적 배경,『中國學論叢』, 第55輯, 大田, 韓國中國文化學會, 2017年 9月
조성천 · 조득창	李白의 <與賈少公書>와 <爲趙宣城與楊右相書>역해,『中國語文論叢』, 第81輯, 서울, 中國語文硏究會, 2017年 6月
조성천 · 서　성	악각본『서상기』삽화의 특징과 표현 효과,『中國文化硏究』, 第38輯, 서울, 中國文化硏究學會, 2017年 11月
조성환	중국 현대문학 작품에 나타난 상품 - 광고의 표상과 브랜드의 역사,『中國學』, 第59輯, 부산, 大韓中國學會, 2017年 6月
조순화	중국어 사유 동사 의미 체계 분석,『中國文學』, 第90輯, 서울, 韓國中國語文學會, 2017年 2月
趙若成	3·1운동과 5·4운동의 비교연구: 주체세력 문제를 중심으로, 한국외대 국제지역대학원 석사 논문, 2016
조양원	燕行錄 飜譯 樣相 硏究, 한국학중앙연구원 한국학대학원 박사 논문, 2016
조영란	'관광서비스중국어' 수업에서 PBL 활용 - 강의사례를 중심으로,『中國語文論叢』, 第79輯, 서울, 中國語文硏究會, 2017年 2月
조영란	PBL을 적용한 '중국 역사와 문화' 수업 - 사례 연구를 중심으로,『中國語文論叢』, 第82輯, 서울, 中國語文硏究會, 2017年 8月
조영화	西周金文 構造와 六書의 비교,『中國人文科學』, 第67輯, 광주, 中國人文學會, 2017年 12月

조원일·김태완   ≪字彙≫ 部首 考察,『中國語文論譯叢刊』, 第40輯, 서
울, 中國語文論譯學會, 2017年 1月

조원일·박복재   중국과 동남아시아국가연합의 상호관계에 대한 연구-
1990년대를 중심으로,『中國學論叢』, 第53輯, 大田, 韓
國中國文化學會, 2017年 3月

조원일   묵자 천지론의 정치사상 연구,『中國學論叢』, 第54輯, 大
田, 韓國中國文化學會, 2017年 6月

조원일   王符의 인성론 사상 연구,『中國學論叢』, 第55輯, 大田,
韓國中國文化學會, 2017年 9月

조원일·김태완   商鞅의 法治와 農戰의 관계 연구,『中國學論叢』, 第56
輯, 大田, 韓國中國文化學會, 2017年 12月

조은경   형식 화용론과 외축 이론- 명시와 중국어 결합가 연구의
관계를 함께 논함 (下),『中國語文論譯叢刊』, 第40輯, 서
울, 中國語文論譯學會, 2017年 1月

조은경   현대 중국어 연동문에서의 완료상 표지 '了'에 대한 고찰,
『中國語文學志』, 第59輯, 서울, 中國語文學會, 2017年 6月

조은상·劉永連   魯認旅明文獻及其文化交流上的意義,『中國語文論叢
』, 第81輯, 서울, 中國語文硏究會, 2017年 6月

조은정   상고중국어 시기 근지대사(近指代詞)-용법과 그 변천 연
구,『中國言語硏究』, 第68輯, 서울, 韓國中國言語學會,
2017年 2月

조은정   서양 선교사들의 粵方言 학습교재를 통해 살펴본 近代시
기 홍콩의 재판과 형벌,『中國學硏究』, 第79輯, 서울, 中
國學硏究會, 2017年 3月

趙林林 · 王寶霞	國家形象視域下 ≪琅琊榜≫ 的跨國傳播學研究, 『中語中文學』, 第70輯, 서울, 韓國中語中文學會, 2017年 12月
趙立新 · 金昌慶	中國對 "薩德" 問題的認知與中韓關系的轉圜, 『中國學』, 第61輯, 부산, 大韓中國學會, 2017年 12月
조홍선	≪화산도(火山島)≫와 ≪눈에 보이는 귀신(看得見的鬼)≫ 비교연구 - 탈식민을 중심으로, 『中國文學研究』, 第67輯, 서울, 韓國中文學會, 2017年 5月
조희무	한어 신조어를 통해 본 중국 사회현상, 『中國人文科學』, 第66輯, 광주, 中國人文學會, 2017年 8月
鍾 喬	在文學, 思想與行動中 : 悼 陳映眞老師, 『中國現代文學』, 第80號, 서울, 韓國中國現代文學學會, 2017年 1月
주 호	한 · 중 '뿌리 찾기' 소설에 나타난 향토주의 비교연구 : 『관촌수필』과 『훙까오량 가족』을 중심으로, 한양대 대학원 석사 논문, 2016
주기평	陳子昻 從軍詩 연구, 『中國文學』, 第92輯, 서울, 韓國中國語文學會, 2017年 8月
朱紀霞	"透'的虛化與認知研究, 『中國學』, 第58輯, 부산, 大韓中國學會, 2017年 3月
주기하	副詞'却'的語法化与語義功能研究, 『中國語文學志』, 第60輯, 서울, 中國語文學會, 2017年 9月
주립문	崔致遠과 杜牧의 漢詩 比較研究, 중앙대 대학원 석사 논문, 2016
주민욱	한한령(限韓令)에 대한 중국 언론보도 사회관계망분석(SNA) 연구, 『中國學』, 第60輯, 부산, 大韓中國學會,

2017年 9月

朱善杰　　　底層人的"上海夢",『中國現代文學』, 第83號, 서울, 韓國
　　　　　　中國現代文學學會, 2017年 10月

주숙하　　　日本殖民地作家張赫宙之東亞跨語際實踐,『中國語文
　　　　　　論譯叢刊』, 第40輯, 서울, 中國語文論譯學會, 2017年 1月

주욱화　　　數文化與漢語數詞對稱成語,『中國語文學論集』, 第107
　　　　　　號, 서울, 中國語文學研究會, 2017年 12月

주준영·최용철　≪紅樓夢≫과 ≪金瓶梅≫의 서사 구성 설정 비교 연구-
　　　　　　여성 인물 구도를 중심으로,『中國語文論叢』, 第81輯, 서
　　　　　　울, 中國語文研究會, 2017年 6月

周厚祥　　　韓·中 香奩詩 比較研究, 중앙대 대학원 석사 논문, 2016

지세화　　　七言詩 發展史에 있어서 鮑照 七言創作의 意義 考察,
　　　　　　『中國學研究』, 第82輯, 서울, 中國學研究會, 2017年 11月

진 평 저·박신순 역　　현대 중국어 시간 체계의 3원 구조,『中國語文學
　　　　　　』, 第75輯, 대구, 嶺南中國語文學會, 2017年 8月

진 현　　　'수사+多+양사+명사'와 '수사+양사+多+명사'의 의미 분석,
　　　　　　『中國語文學』, 第74輯, 대구, 嶺南中國語文學會, 2017
　　　　　　年 4月

진 현·馮盼盼　　음식 이름의 한중 번역어 수용성 연구,『中國語 敎育과
　　　　　　研究』, 第25號, 서울, 韓國中國語敎育學會, 2017年 6月

진 현　　　중국어문학 논문 문장 부호 오류 분석 - 따옴표, 쉼표, 낫
　　　　　　표, 화살괄호를 중심으로 - ,『中國語文學』, 第75輯, 대구,
　　　　　　嶺南中國語文學會, 2017年 8月

진 현　　　중국어 문장부호 교육방안 연구,『中國文學研究』, 第69

	輯, 서울, 韓國中文學會, 2017年 11月
陳　慧	李奎報와 白居易의 嗜酒詩 比較 研究, 중앙대 대학원 석사 논문, 2016
진광호	非獨立 字素의 유형과 원인 분석 - 『說文解字』 540 부수를 위주로, 『中國學』, 第59輯, 부산, 大韓中國學會, 2017年 6月
진맹흔	한국의 고빈도 한자어와 중국어·객가어 어휘의 형태 대조 연구, 한양대 대학원 석사 논문, 2016
陳明舒	"跳+X(名詞性語素)"類雙音節"動賓式"詞語內部關係分析, 『中語中文學』, 第70輯, 서울, 韓國中語中文學會, 2017年 12月
진성희·최은정	상실과 회귀 - 중국적 '뿌리의식'에 대한 일고찰, 『中國文化研究』, 第35輯, 서울, 中國文化研究學會, 2017年 2月
陳性希	'지아장커 영화라는 레이블과 영화 〈산하고인〉에 대한 일고찰, 『中國小說論叢』, 第51輯, 서울, 韓國中國小說學會, 2017年 4月
陳麗娟·高　航	日本漢詩集《東瀛詩選》用韻研究, 『中國語文論譯叢刊』, 第40輯, 서울, 中國語文論譯學會, 2017年 1月
진영자	남송·명대 공자 형상의 전개에 대한 연구 : 『성현도』와 『성적도』의 분석을 중심으로, 경상대 대학원 석사 논문, 2016
陳映眞 저·김하림 역	타이완 당대사의 새로운 해석, 『中國現代文學』, 第80號, 서울, 韓國中國現代文學學會, 2017年 1月
진옥경	이백 歌吟 〈鳴皐歌送岑徵君〉의 歌辭的 特性 연구 - '動'의 用例에 대한 史的 考察을 중심으로 -, 『中國文學』,

第90輯, 서울, 韓國中國語文學會, 2017年 2月

진우선 　突發性事件中新聞控制對新聞報道的影響 - 以≪大公報≫≪申報≫對"西安事變"的報道爲例, 『韓中言語文化硏究』, 第46輯, 서울, 韓國中國言語文化硏究會, 2017年 11月

진준화 　코퍼스를 기반으로 한 '吧'의 [+추측 의미 再考察, 『中國語文學』, 第74輯, 대구, 嶺南中國語文學會, 2017年 4月

진준화 　현대중국어 허사 '吧'의 양태성, 『中國語文學』, 第75輯, 대구, 嶺南中國語文學會, 2017年 8月

秦華鎭 　중국어 형용사 서술어문의 사건문과 비사건문, 『中國語文學論集』, 第102號, 서울, 中國語文學硏究會, 2017年 2月

진화진 　형용사의 서술어 기능과 '很'수식, 『中國語 敎育과 硏究』, 第26號, 서울, 韓國中國語敎育學會, 2017年 12月

차태근 　문명의 기준과 근대 중국 인권담론, 『中國現代文學』, 第82號, 서울, 韓國中國現代文學學會, 2017年 7月

차태근 　국제 인권규범과 중국 인권정책, 『中國現代文學』, 第83號, 서울, 韓國中國現代文學學會, 2017年 10月

蔡象麗 　從比較點看平比句"跟"-"一樣"的類型及其特點, 『中語中文學』, 第68輯, 서울, 韓國中語中文學會, 2017年 6月

蔡象麗 　漢語"憤怒"情感的隱轉喩認知分析 - 兼及漢韓對比, 『中國語文論叢』, 第84輯, 서울, 中國語文硏究會, 2017年 12月

채상수 · 이종찬 · 윤관진　한중 무역변화에 대한 한중 FTA 발효효과 분석 - 전자기기산업을 중심으로, 『中國學』, 第60輯, 부산, 大韓中國學會, 2017年 9月

채수민·이승신·송정화　≪萬曆野獲編·士人≫ 飜譯 및 註釋(2),『中國語文論叢』, 第79輯, 서울, 中國語文硏究會, 2017年 2月

蔡藝玲　'被'자 구문에 대한 생성어법적 연구,『中國文學硏究』, 第66輯, 서울, 韓國中文學會, 2017年 2月

채예령　'결속이론'에서의 '지시표현'과 '목적절' 關係考察,『中國語文學論集』, 第103號, 서울, 中國語文學硏究會, 2017年 4月

채예령　중국어 학습자들의 작문 쓰기 偏誤分析 - 학부 재학생들의 '介詞'사용오류를 중심으로 -,『中國人文科學』, 第65輯, 광주, 中國人文學會, 2017年 4月

채은유·김현주　한국 실크로드 음악연구의 현황과 전망,『韓中言語文化硏究』, 第43輯, 서울, 韓國中國言語文化硏究會, 2017年 2月

채춘옥　중국어 '-族'류 신조어의 사회언어학적 분석 - 2000-2010년의 '-族'류 신조어를 중심으로,『中國人文科學』, 第65輯, 광주, 中國人文學會, 2017年 4月

천　진　파편들의 리듬 - 張律 영화의 장소(place) 문제,『中國文學』, 第93輯, 서울, 韓國中國語文學會, 2017年 11月

千大珍·鄭憲哲　柳永의 小說化에 대한 고찰,『中國學』, 第58輯, 부산, 大韓中國學會, 2017年 3月

千大珍　三言小說 속 詩 硏究,『中國小說論叢』, 第51輯, 서울, 韓國中國小說學會, 2017年 4月

천예은　중국어과 디지털교과서의 설계 및 구현, 이화여대 교육대학원 석사 논문, 2016

焦　佩·왕보하	中國網絡小說改編影視劇的叙事變化研究-以≪琅琊榜≫爲例,『中國小說論叢』,第51輯, 서울, 韓國中國小說學會, 2017年 4月
초　패·왕보하	論中國網絡四字格新詞形成中的認知机制,『中國言語研究』,第69輯, 서울, 韓國中國言語學會, 2017年 4月
焦　佩·王寶霞	當代中國網絡歷史小說的叙事硏究,『中國語文論叢』,第80輯, 서울, 中國語文硏究會, 2017年 4月
초육매	量詞"隻"對名詞性成分的選擇及其系源研究,『中國言語研究』,第69輯, 서울, 韓國中國言語學會, 2017年 4月
焦毓梅	非形貌類個體量詞語義, 性質及用法硏究,『中國文學硏究』,第67輯, 서울, 韓國中文學會, 2017年 5月
초육매	量詞"枚"在網絡語言中的新興用法及其來源硏究,『中國學報』,第81輯, 서울, 韓國中國學會, 2017年 8月
焦彭琰	表"不間斷"義詞彙的認知理據差異,『中國語文學論集』,第102號, 서울, 中國語文學硏究會, 2017年 2月
焦彭琰	성별 어휘 '男X/女X'에 대한 의미 연구,『中國語文學論集』,第104號, 서울, 中國語文學硏究會, 2017年 6月
초팽염	"V來V去"格式語義特徵小考,『中國學硏究』,第81輯, 서울, 中國學硏究會, 2017年 8月
초팽염·윤애경	한국인 화자의 중국어 성별 어휘 오류 분석 및 교육 방안 연구-'男/女+性/人/子'를 중심으로,『中國語文學論集』,第107號, 서울, 中國語文學硏究會, 2017年 12月
최경진	簡化字의 象形性과 詩的 心象 고찰-간화자 '來'와 '夾'을 중심으로,『中國語文學』,第76輯, 대구, 嶺南中國語文

	學會, 2017年 12月
崔桂花 · 金鉉哲	'一拳VP'를 통해 살펴 본 '一量VP'의 발생기제 연구, 『中國語 敎育과 硏究』, 第25號, 서울, 韓國中國語敎育學會, 2017年 6月
최낙민	예수회 신부 吳漁山의 '十年海上' 사목활동과 天學詩 고찰, 『中國學』, 第59輯, 부산, 大韓中國學會, 2017年 6月
崔洛民	玄卿駿의 작품을 통해 본 國境都市 圖們, 『中國學』, 第61輯, 부산, 大韓中國學會, 2017年 12月
최남규	≪上博楚簡(五) · 弟子問≫에 대한 연구 - 편련과 내용을 중심으로 - , 『中國人文科學』, 第65輯, 광주, 中國人文學會, 2017年 4月
최남규	≪孔子見季桓子≫ 중 '仁'과 관련이 편련에 대한 재고찰, 『中國人文科學』, 第66輯, 광주, 中國人文學會, 2017年 8月
최동표	'簡易俗成化' 簡化字의 音轉 현상 연구, 『中國語文學論集』, 第107號, 서울, 中國語文學硏究會, 2017年 12月
최말순	마음의 전쟁 - 식민지 대만의 전쟁기억과 '조국' 상상, 『中國語文論叢』, 第80輯, 서울, 中國語文硏究會, 2017年 4月
최명숙	中國 '시베이펑' 음악의 민족화 고찰, 『中國文化硏究』, 第37輯, 서울, 中國文化硏究學會, 2017年 8月
최문희	고려대장경 사간판 『당현시범』의 문헌학적 연구, 동아대 대학원 석사 논문, 2016
최병규	중국고전문학 속 癡와 癡情의 함의와 용례, 그리고 그 변천에 관한 고찰 - ≪世說新語≫를 분기점으로, 『中國語文論譯叢刊』, 第40輯, 서울, 中國語文論譯學會, 2017年

1月

최석원	杜甫 일대기의 재구성, 杜甫年譜 제작의 역사와 그 의미, 『中國文學』, 第90輯, 서울, 韓國中國語文學會, 2017年 2月
최석원	聯句 창작을 통해 본 宋代 문인의 문학적 교유, 『中國語文論譯叢刊』, 第41輯, 서울, 中國語文論譯學會, 2017年 7月
최석원	중국 소학교의 漢詩 교육과 한국의 중국어교육과의 연계성 모색, 『中國語文論叢』, 第84輯, 서울, 中國語文硏究會, 2017年 12月
최선희 · 오문의	중국 방언에 나타난 AXAB 중첩어의 분포적 특성 연구, 『中國文學』, 第93輯, 서울, 韓國中國語文學會, 2017年 11月
최성은	"是+N施+VP" 형식과 "有+N施+VP" 형식의 비교연구, 『中國學報』, 第80輯, 서울, 韓國中國學會, 2017年 5月
최성일	老舍의 ≪蛤藻集≫에 반영된 문화비판의 含意, 『中國文學硏究』, 第69輯, 서울, 韓國中文學會, 2017年 11月
최수경	'荒服'의 재해석, 『中語中文學』, 第67輯, 서울, 韓國中語中文學會, 2017年 3月
최수경	淸 제국의 게토(ghetto) '苗疆'의 서사 – 18-19세기 지리서를 중심으로, 『中國語文論叢』, 第82輯, 서울, 中國語文硏究會, 2017年 8月
최수진	'三言' 여성 형상의 특징 연구, 단국대 대학원 석사 논문, 2016
최승현	중화인민공화국 건국 전후의 "독보조(讀報組)" 연구, 『中

國人文科學』, 第66輯, 광주, 中國人文學會, 2017年 8月

최신혜　表達屬性義的(很)【有+N】結构研究, 『中國言語研究』, 第70輯, 서울, 韓國中國言語學會, 2017年 6月

최영호　"飄流在是非之間的自由意志" - 試析周作人"附逆"背后 的倫理担負, 『韓中言語文化研究』, 第45輯, 서울, 韓國 中國言語文化研究會, 2017年 8月

최영호　'革命+戀愛' 敍事를 다시 읽는 몇 가지 觀點(2), 『中國現 代文學』, 第83號, 서울, 韓國中國現代文學學會, 2017年 10月

최용철·주준영　《紅樓夢》과 《金甁梅》의 서사 구성 설정 비교 연구 - 여성 인물 구도를 중심으로, 『中國語文論叢』, 第81輯, 서 울, 中國語文研究會, 2017年 6月

최용철　청대 홍루몽의 판본삽화와 대중전파, 『中國語文論叢』, 第83輯, 서울, 中國語文研究會, 2017年 10月

최우석　李白의 <登覽>篇 고찰, 『中國語文論叢』, 第83輯, 서 울, 中國語文研究會, 2017年 10月

崔宇錫·蘇　杭　從道敎《太上一乘海空智藏經》看唐代佛, 道的融突, 『中國人文科學』, 第67輯, 광주, 中國人文學會, 2017年 12月

최윤주　淸代 士人과 男旦 관계 연구, 『中國文化研究』, 第37輯, 서울, 中國文化研究學會, 2017年 8月

최은정·진성희　상실과 회귀 - 중국적 '뿌리의식'에 대한 일고찰, 『中國文 化研究』, 第35輯, 서울, 中國文化研究學會, 2017年 2月

최은정　고려시기(高麗時期) 중양절(重陽節) 관련 한시(漢詩)의

	중국 고전시 수용 양상 연구,『中國學報』, 第82輯, 서울, 韓國中國學會, 2017年 11月
崔銀晶	1920년대 중국여성소설에 나타난 '아내' 서사 - 링수화(凌叔華)와 천잉(沉櫻)의 작품을 중심으로,『中國小說論叢』, 第53輯, 서울, 韓國中國小說學會, 2017年 12月
최은진	부사년(傅斯年)(1896-1950)의 학술사상에 나타난 '과학주의(科學主義)'와 그 함의(含意),『中國學報』, 第81輯, 서울, 韓國中國學會, 2017年 8月
최재영 · 김윤영	후치성분 '來說'의 문법화 연구 - 'Pre+NP+來說'구조를 중심으로,『中國語文論譯叢刊』, 第40輯, 서울, 中國語文論譯學會, 2017年 1月
최재영 · 안연진	상고중국어시기~근대중국어시기의 금지 표지 연구,『中語中文學』, 第67輯, 서울, 韓國中語中文學會, 2017年 3月
최재영 · 김미나	宋元明淸時期器官動量詞的歷時考察,『中國學報』, 第81輯, 서울, 韓國中國學會, 2017年 8月
崔宰榮 · 姜 夢	漢語難易結構與難易謂詞硏究,『中國語文學論集』, 第105號, 서울, 中國語文學硏究會, 2017年 8月
최재영 · Jiang Meng	情態助動詞"難"的語法化硏究,『中國言語研究』, 第72輯, 서울, 韓國中國言語學會, 2017年 10月
최재영	한중/중한 번역 교육에서 유행어의 처리 문제,『中國語文學論集』, 第107號, 서울, 中國語文學硏究會, 2017年 12月
최재용	소설의 재매개와 포스트휴먼의 형성 - 소설 ≪天龍八部≫에서 게임 ≪天龍八部3D≫까지 - ,『中國文學』, 第90輯,

	서울, 韓國中國語文學會, 2017年 2月
최정석	중국 유통산업의 경제적 효과 분석 - 2012년 투입산출표를 기준으로 - ,『中國學論叢』, 第56輯, 大田, 韓國中國文化學會, 2017年 12月
최정섭	解經과 解字 - 프레마르 ≪六書實義≫를 통해 본 예수회의 中國 專有,『中國語文學志』, 第60輯, 서울, 中國語文學會, 2017年 9月
최지영	공손전략의 중국어 아부표현 연구,『中國言語研究』, 第71輯, 서울, 韓國中國言語學會, 2017年 8月
최진아	도깨비의 귀환: 드라마 '도깨비'에 내재한 韓·中 전통 괴담서사의 원리,『中國文學研究』, 第67輯, 서울, 韓國中文學會, 2017年 5月
崔眞娥	중국소설 과목의 캡스톤 디자인 교육과정과 학술적 가치에 대한 연구,『中國小說論叢』, 第52輯, 서울, 韓國中國小說學會, 2017年 8月
최진아	'하백의 신부' - 한·중 다원과 공존의 서사 읽기,『中國語文論叢』, 第83輯, 서울, 中國語文研究會, 2017年 10月
崔昌源	王鏊〈海蝦圖〉詩之背景, 淺釋及初考,『中國語文學論集』, 第102號, 서울, 中國語文學研究會, 2017年 2月
최향란·박홍수	중국어의 만주어 차용어 연구,『中國學』, 第60輯, 부산, 大韓中國學會, 2017年 9月
崔香蘭·羅敏球	中國東北方言的社會語言學調查,『中國文化研究』, 第38輯, 서울, 中國文化研究學會, 2017年 11月
최현미	의사소통기능을 기반으로 한 중국어 회화교재 시리즈 분

	석 및 교육적 제언,『中國學報』, 第81輯, 서울, 韓國中國學會, 2017年 8月
최형섭	역사와 문화예술 공간으로서 17-18세기 '老北京'의 풍경, 『中國文學』, 第91輯, 서울, 韓國中國語文學會, 2017年 5月
崔亨燮	≪儒林外史≫와 南京, 『中國小說論叢』, 第52輯, 서울, 韓國中國小說學會, 2017年 8月
최형섭	馮夢龍의 '다시 쓰기(rewriting)'에 관하여 - 〈況太守斷死孩兒〉을 중심으로,『中國小說論叢』, 第53輯, 서울, 韓國中國小說學會, 2017年 12月
추미영	사마천≪사기 · 화식열전≫분석, 전북대 교육대학원 석사 논문, 2016
추지원 · 왕일죽	論莫言文學創作的"民間觀" - 對民間批評理論的另類闡釋,『中語中文學』, 第69輯, 서울, 韓國中語中文學會, 2017年 9月
축 하	≪紅樓夢≫與≪九雲夢≫女性人物形象對比硏究 : 以≪紅樓夢≫之金陵十二釵與≪九雲夢≫之八位女主人公爲中心, 숭실대 대학원 석사 논문, 2016
팽 정	"S+對+O+VP"結構類型分析,『中國語文學志』, 第59輯, 서울, 中國語文學會, 2017年 6月
평 원	윤동주와 아이칭의 시의식 비교 연구, 전남대 대학원 석사 논문, 2016
포문전첨	한국어교육을 위한 한 · 중 단편소설 비교 연구 : 현진건과 루쉰 소설의 지식인상을 중심으로, 한양대 대학원 석사 논문, 2016

표나리 　　　중국문화가 중국의 대외원조에 미치는 영향 - 중화중심주
　　　　　의와 대국의식을 중심으로 - ,『韓中言語文化硏究』, 第45
　　　　　輯, 서울, 韓國中國言語文化硏究會, 2017年 8月

풍　쟁·김현철 　韓國學生介詞框架"在……上/下"習得硏究, 『中國語 敎
　　　　　育과 硏究』, 第26號, 서울, 韓國中國語敎育學會, 2017年
　　　　　12月

馮盼盼·진　현 　음식 이름의 한중 번역어 수용성 연구, 『中國語 敎育과
　　　　　硏究』, 第25號, 서울, 韓國中國語敎育學會, 2017年 6月

풍영순 　　　통일문학사에서 소설의 기점과 중국문학 수용에 대한 연
　　　　　구, 건국대 대학원 석사 논문, 2016

피경훈 　　　주체인가 제국인가, 『中國現代文學』, 第80號, 서울, 韓國
　　　　　中國現代文學學會, 2017年 1月

피경훈 　　　이 계절의 책, 『中國現代文學』, 第82號, 서울, 韓國中國
　　　　　現代文學學會, 2017年 7月

畢文秀 　　　突破華人華文文學寫作的局限, 『中國現代文學』, 第81
　　　　　號, 서울, 韓國中國現代文學學會, 2017年 4月

河炅心 　　　계승과 변화, 다양성과 가능성, 『中國語文學論集』, 第106
　　　　　號, 서울, 中國語文學研究會, 2017年 10月

何吉賢 　　　一位"當代"中國作家的"中國觀" : 理解張承志的一個視
　　　　　角, 『中國現代文學』, 第81號, 서울, 韓國中國現代文學
　　　　　學會, 2017年 4月

하아문 　　　黑暗之光 : 談蘇曉康≪離魂歷劫自序≫, ≪寂寞的德拉
　　　　　瓦灣≫, 『中國學報』, 第82輯, 서울, 韓國中國學會, 2017
　　　　　年 11月

韓 潭	新中國初期冷戰世界觀考察, 『中國現代文學』, 第83號, 서울, 韓國中國現代文學學會, 2017年 10月
한 동	조선후기 詩壇의 袁枚 詩論 수용 양상, 한양대 대학원 박사 논문, 2016
한 승	'먹다'류 어휘의 역사적 변천과정 - 각 어휘들의 변천과정과 시대별 품사적 특징 및 어휘의 조합관계를 중심으로, 『中國文學硏究』, 第66輯, 서울, 韓國中文學會, 2017年 2月
한 승	'씻다'류 동사 '沐', '浴', '洗', '盥', '澡'의 역사적 변천과정, 『中國言語硏究』, 第72輯, 서울, 韓國中國言語學會, 2017年 10月
한 승 · 서원남	중국어 '줍다'류 어휘의 역사적 변천과정 - '撿'이 '拾'을 교체한 과정을 중심으로 , 『中國文學硏究』, 第69輯, 서울, 韓國中文學會, 2017年 11月
韓相德	『三字經』의 인물고사를 통한 학습동기 유발 연구, 『中國學』, 第61輯, 부산, 大韓中國學會, 2017年 12月
한서영	중국어 차용어 음운론의 모음 적용에 대한 실험 연구, 『中國文學』, 第90輯, 서울, 韓國中國語文學會, 2017年 2月
한서영	한국인 고급 학습자의 중국어 연구개 마찰음 발음에 대한 사례연구, 『中國言語硏究』, 第71輯, 서울, 韓國中國言語學會, 2017年 8月
한성구	任鴻雋의 科學的人生觀 硏究, 『中國學論叢』, 第54輯, 大田, 韓國中國文化學會, 2017年 6月
한성구	중국 평화주의의 연원과 현대적 함의, 『中國學論叢』, 第56輯, 大田, 韓國中國文化學會, 2017年 12月

한수현 · 이지은   중국어 교육용 신조어 선정과 교수법에 관한 시론,『中國
　　　　　　　　語 教育과 研究』, 第25號, 서울, 韓國中國語教育學會,
　　　　　　　　2017年 6月

한용수 · 박화엽   漢韓"眼/目"類詞的語義取象分析,『中國文化研究』, 第
　　　　　　　　35輯, 서울, 中國文化研究學會, 2017年 2月

韓容洙 · 劉雋芳   關于韓國漢語學習者語言遷移研究的考察,『中國人文
　　　　　　　　科學』, 第66輯, 광주, 中國人文學會, 2017年 8月

한용수 · 이명아   『金剛經』에 나타난 중국어 붓다(Buddha) 호칭어의 화용
　　　　　　　　론적 특징,『中國言語研究』, 第72輯, 서울, 韓國中國言
　　　　　　　　語學會, 2017年 10月

한용수 · 이명아   중국의 ≪四十二章經≫에 나타난 불교 호칭어 분석 - 붓
　　　　　　　　다와 불교 신도 호칭어를 중심으로,『中國語文論叢』, 第
　　　　　　　　84輯, 서울, 中國語文研究會, 2017年 12月

韓容洙 · 李　莉   漢語含"春"字四字格成語古平仄分析,『中國人文科學』,
　　　　　　　　第67輯, 광주, 中國人文學會, 2017年 12月

한정정   춘향전과 서상기의 비교연구 : 이별 장면을 중심으로, 한
　　　　　양대 대학원 석사 논문, 2016

한지연   胡適의 편찬의식 연구 - 〈中國新文學大系建設理論集〉
　　　　　을 중심으로,『中國學研究』, 第79輯, 서울, 中國學研究
　　　　　會, 2017年 3月

한지연   周作人, 錢鍾書의 文學史的 논쟁과 그 의의 - 『中國新文
　　　　　學的源流』를 둘러싼 인식론적 차이를 중심으로 - ,『韓中
　　　　　言語文化研究』, 第44輯, 서울, 韓國中國言語文化研究
　　　　　會, 2017年 5月

한지연   '학문'으로서의 문학사 서술,『中國現代文學』, 第82號, 서울, 韓國中國現代文學學會, 2017年 7月

韓治路   한중 만주 체험 소설 비교 연구 : 안수길과 양산정의 작품을 중심으로, 가천대 대학원 박사 논문, 2017

한혜자   한국청년전지공작대와 한유한의 항일예술활동, 동아대 대학원 석사 논문, 2016

한희창   정반의문문의 특징과 교육에 관하여,『中國言語硏究』, 第69輯, 서울, 韓國中國言語學會, 2017年 4月

한희창   기초 중국어 교양 수업의 효과적인 운영을 위한 학습자정보 파악에 관하여,『中國言語硏究』, 第72輯, 서울, 韓國中國言語學會, 2017年 10月

허 방   철종시대 연행록(燕行錄) 연구, 서울대 대학원 박사 논문, 2016

허 영   조조의 시가문학연구, 군산대 대학원 석사 논문, 2016

허근배 · 원종은   〈광인일기(狂人日記)〉 텍스트 구조의 변증법적 분석 - 정반합(正反合)을 중심으로,『中國文學硏究』, 第68輯, 서울, 韓國中文學會, 2017年 8月

허봉격 · 정성임 · 안기섭   '就''就是'의 詞典 해석상의 문제에 대하여 - 의미항 · 품사 · 어법단위를 중심으로,『中國學硏究』, 第79輯, 서울, 中國學硏究會, 2017年 3月

현 월   漢語動結式的演變與類型學視野下的動詞完結範疇,『中國學報』, 第79輯, 서울, 韓國中國學會, 2017年 2月

현성준   중국어 동물 관련 사자성어 연구,『中國文化硏究』, 第37輯, 서울, 中國文化硏究學會, 2017年 8月

현성준 · 김진호	중국어 동소사의 품사와 형태소 결합방식 연구, 『中國學論叢』, 第56輯, 大田, 韓國中國文化學會, 2017年 12月
현성준	한 · 중 동물관련 사자성어 비교 연구, 『中語中文學』, 第70輯, 서울, 韓國中語中文學會, 2017年 12月
邢 軍 · 양만기	漢語與漢字的獨特關系及在漢語敎學中的應用, 『中國言語硏究』, 第69輯, 서울, 韓國中國言語學會, 2017年 4月
胡珂菲	量詞重疊式"個個"的三個平面硏究及偏誤分析, 『中國語文學論集』, 第103號, 서울, 中國語文學硏究會, 2017年 4月
胡珂菲	現代漢語"你個NP"結構的硏究, 『中國語文學論集』, 第105號, 서울, 中國語文學硏究會, 2017年 8月
홍민아	胡適의 白話文運動 - '近代國語'로서의 의의, 경북대 대학원 석사 논문, 2016
홍상훈	문명과 야만 - 3대 神魔小說 주제 비교, 『中國文學』, 第91輯, 서울, 韓國中國語文學會, 2017年 5月
홍서연	王國維 五代 · 北宋詞 우위론의 실제비평양상과 주요 논점 고찰, 『中國文化硏究』, 第35輯, 서울, 中國文化硏究學會, 2017年 2月
홍연옥	중국어 대동사 '농(弄)'의 의미기능 연구 - 대동사 '고(搞)'와의 비교를 중심으로 - , 『中國言語硏究』, 第68輯, 서울, 韓國中國言語學會, 2017年 2月
홍연옥	문자로 본 중국인의 질병관 - ≪설문해자(說文解字)≫ '녁(疒)'부 분석을 중심으로, 『中國語文學志』, 第58輯, 서울, 中國語文學會, 2017年 4月

홍연옥	중국어 3인칭대명사의 변화와 유형학적 의미,『中國語文學志』, 第61輯, 서울, 中國語文學會, 2017年 12月
홍윤기	<出師表>에 나타나는 諸葛亮의 독재정치,『中國語文論叢』, 第84輯, 서울, 中國語文硏究會, 2017年 12月
洪允姫	타이완 아타얄(Atayal) 족 머리사냥 설화와 의례, 그리고 그 종결,『中國語文學論集』, 第105號, 서울, 中國語文學硏究會, 2017年 8月
홍준형	잡문은 어떻게 '문학'이 되었나?,『中語中文學』, 第68輯, 서울, 韓國中語中文學會, 2017年 6月
홍지순	The Modernist Poetics of Rivers - The River (Dir. Tsai Mingliang 1997) and Dooman River (Dir. Zhang Lü 2010),『中國語文論叢』, 第84輯, 서울, 中國語文硏究會, 2017年 12月
홍현지	≪합병자학집운(合倂字學集韻)≫과 ≪번역박통사(飜譯朴通事)≫의 운모체계(韻母體系) 대조 고찰,『中國語文學志』, 第59輯, 서울, 中國語文學會, 2017年 6月
洪慧整·沈基恩·金孝珍	중국의 해외직접투자 유입과 수입의 관계 변화,『中國學』, 第58輯, 부산, 大韓中國學會, 2017年 3月
홍혜진	계보에서 취향으로,『中國文化硏究』, 第38輯, 서울, 中國文化硏究學會, 2017年 11月
함영은	자제서(子弟書)의 창작과 전승에 대한 고찰,『中國語文學志』, 第61輯, 서울, 中國語文學會, 2017年 12月
咸恩仙	話本小說中的杭州節慶習俗,『中國語文學志』, 第61輯, 서울, 中國語文學會, 2017年 12月

황선미	일제강점기 대만 문단에서 활약한 조선인 박윤원,『中國學』, 第60輯, 부산, 大韓中國學會, 2017年 9月
황선미	대만 현대문학의 기원에 대한 연구,『中國文化硏究』, 第38輯, 서울, 中國文化硏究學會, 2017年 11月
黃瑄愛·李康範	『色|戒』로 본 張愛玲의 親日문제,『中國語文學論集』, 第104號, 서울, 中國語文學硏究會, 2017年 6月
황선주	한국본 찬주분류두시(纂註分類杜詩)의 제 판본,『中國語文學論集』, 第107號, 서울, 中國語文學硏究會, 2017年 12月
황영희·이봉상·이기훈·신민야·박정숙·권호종	≪靑樓韻語≫의 經文과 原註에 대한 譯解 (4),『中國語文論譯叢刊』, 第41輯, 서울, 中國語文論譯學會, 2017年 7月
황정일	이 계절의 책,『中國現代文學』, 第81號, 서울, 韓國中國現代文學學會, 2017年 4月
황현국	「梁父吟」의 表現技巧 分析,『中國文化硏究』, 第35輯, 서울, 中國文化硏究學會, 2017年 2月
황후남	基于事件意義理論的"給"字語義分析,『中國言語硏究』, 第71輯, 서울, 韓國中國言語學會, 2017年 8月
후문옥·김현철	현대중국어 주관소량 구문 'X不到哪裡去'에 대한 연구,『中國語文學論集』, 第107號, 서울, 中國語文學硏究會, 2017年 12月
侯曉丹·金鉉哲	한·중 소량표현 '조금'과 '一點兒'의 대응양상연구,『中國語文學論集』, 第103號, 서울, 中國語文學硏究會, 2017年 4月

학술지명 순 논문 목록 **2**

1-1 中國文學 第90輯 2017年 2月 (韓國中國語文學會)

박 석 수양론의 관점으로 보는 "人不知而不慍"의 재해석, 『中國文學』, 第90輯, 서울, 韓國中國語文學會, 2017年 2月

진옥경 이백 歌吟 〈嗚皐歌i送岑徵君〉의 歌辭的 特性 연구 - '動의 用例에 대한 史的 考察을 중심으로 - , 『中國文學』, 第90輯, 서울, 韓國中國語文學會, 2017年 2月

최석원 杜甫 일대기의 재구성, 杜甫年譜 제작의 역사와 그 의미, 『中國文學』, 第90輯, 서울, 韓國中國語文學會, 2017年 2月

서연주 《掛枝兒》와 《山歌》에 나타난 부부의 형상과 馮夢龍의 모순적 태도, 『中國文學』, 第90輯, 서울, 韓國中國語文學會, 2017年 2月

왕비연 湯顯祖之 《牡丹亭》對六朝志怪小說素材的吸收與發展, 『中國文學』, 第90輯, 서울, 韓國中國語文學會, 2017年 2月

안상복 韓中 두 나라의 異國人假面戲와 '貢物 바치기'에 대한 비교 고찰, 『中國文學』, 第90輯, 서울, 韓國中國語文學會, 2017年 2月

金 艶 中韓當代文學轉型期有關民族性與世界性的探討, 『中國文學』, 第90輯, 서울, 韓國中國語文學會, 2017年 2月

최재용 소설의 재매개와 포스트휴먼의 형성 - 소설 《天龍八部》에서 게임 《天龍八部3D》까지 - , 『中國文學』, 第90輯, 서울, 韓國中國語文學會, 2017年 2月

한서영 중국어 차용어 음운론의 모음 적응에 대한 실험 연구, 『中

國文學』, 第90輯, 서울, 韓國中國語文學會, 2017年 2月

임소정·유　위　중국어 '点儿'과 한국어 '좀'의 의미 기능 및 의미 확장 과정의 비교, 『中國文學』, 第90輯, 서울, 韓國中國語文學會, 2017年 2月

조순화　중국어 사유 동사 의미 체계 분석, 『中國文學』, 第90輯, 서울, 韓國中國語文學會, 2017年 2月

1-2 中國文學 第91輯 2017年 5月 (韓國中國語文學會)

이강재　경학사의 관점에서 본 조선 전기의 ≪논어≫ 인식, 『中國文學』, 第91輯, 서울, 韓國中國語文學會, 2017年 5月

김영식　≪吳越春秋≫에 나타난 神話 연구, 『中國文學』, 第91輯, 서울, 韓國中國語文學會, 2017年 5月

홍상훈　문명과 야만 - 3대 神魔小說 주제 비교, 『中國文學』, 第91輯, 서울, 韓國中國語文學會, 2017年 5月

위행복　≪鏡花緣≫의 思想傾向 分析, 『中國文學』, 第91輯, 서울, 韓國中國語文學會, 2017年 5月

최형섭　역사와 문화예술 공간으로서 17-18세기 '老北京'의 풍경, 『中國文學』, 第91輯, 서울, 韓國中國語文學會, 2017年 5月

백광준　19세기 초 서양 근대 지식의 중국 전파 - 'Society for the Diffusion of Useful Knowledge in China'를 중심으로 - , 『中國文學』, 第91輯, 서울, 韓國中國語文學會, 2017年 5月

조보로　莫言小說≪生死疲勞≫韓譯本中文化負載詞的翻譯策略, 『中國文學』, 第91輯, 서울, 韓國中國語文學會, 2017

年 5月

| 양세욱 | 근대 중국의 개념어 번역과 '格義'에 대한 비교 연구,『中國文學』, 第91輯, 서울, 韓國中國語文學會, 2017年 5月 |

김홍실   "在+장소명사'와 방위사 "裏'의 제약관계에 대한 소고,『中國文學』, 第91輯, 서울, 韓國中國語文學會, 2017年 5月

이운재   장형양사 '條'의 범주 확장에 관한 연구 - 범주화와 원형이론을 근거로 - ,『中國文學』, 第91輯, 서울, 韓國中國語文學會, 2017年 5月

1-3 中國文學 第92輯 2017年 8月 (韓國中國語文學會)

주기평   陳子昂 從軍詩 연구,『中國文學』, 第92輯, 서울, 韓國中國語文學會, 2017年 8月

정진걸   白居易 百韻排律의 특징 고찰 - 章法 분석을 중심으로,『中國文學』, 第92輯, 서울, 韓國中國語文學會, 2017年 8月

이재혁   神思의 작용 : 변증법적 결합의 연쇄,『中國文學』, 第92輯, 서울, 韓國中國語文學會, 2017年 8月

LIU CHANG   借≪杜律啓蒙≫對邊連寶批 "神韻說'之因再剖析,『中國文學』, 第92輯, 서울, 韓國中國語文學會, 2017年 8月

김영식   ≪吳越春秋≫의 小說化 企圖 탐색 - 작품에 나타난 詩 분석을 통하여,『中國文學』, 第92輯, 서울, 韓國中國語文學會, 2017年 8月

윤지양   金聖歎의 ≪西廂記≫ 비평 및 개작에 대한 周昻의 평가 고찰,『中國文學』, 第92輯, 서울, 韓國中國語文學會,

2017年 8月

오순방·고　비　明末首部漢譯伊索寓言集 ≪況義≫之仿作李世熊 ≪物
感≫ 硏究,『中國文學』, 第92輯, 서울, 韓國中國語文學
會, 2017年 8月

김월회　포스트휴먼과 죽음 - 공자, 장자, 도잠, 노신이 죽음을 대
했던 태도와 현재적 쓸모,『中國文學』, 第92輯, 서울, 中
國語文學會, 2017年 8月

강설금　한국 근대 초기 소규모 자급자족형 교과서 생태계 고찰
- 중국 교과서 생태계와의 비교를 중심으로,『中國文學』,
第92輯, 서울, 韓國中國語文學會, 2017年 8月

이태수　≪忠義直言≫에 나타난 古今 同義語 動詞의 連用 現象
硏究,『中國文學』, 第92輯, 서울, 韓國中國語文學會,
2017年 8月

신용권　≪四聲通解≫에 나타난 今俗音의 성격에 대하여,『中國
文學』, 第92輯, 서울, 韓國中國語文學會, 2017年 8月

신원철·김나래·김석영·손남호·이강재·이미경·이연숙·박종한　현행
중등 중국어 교과서의 문화요소에 대한 연구,『中國文學
』, 第92輯, 서울, 韓國中國語文學會, 2017年 8月

1-4 中國文學 第93輯 2017年 11月 (韓國中國語文學會)

안재원　16-18세기 유럽에서 중국으로 온 책들과 중국에서 유럽으
로 간 책들,『中國文學』, 第93輯, 서울, 韓國中國語文學
會, 2017年 11月

이옥주 · 이현선　음운과 문자 연구 성과물 집적 동향, 『中國文學』, 第93輯, 서울, 韓國中國語文學會, 2017年 11月

강민호　杜甫 七言排律의 특성과 한계, 『中國文學』, 第93輯, 서울, 韓國中國語文學會, 2017年 11月

정진걸　白居易 百韻排律의 通俗性, 『中國文學』, 第93輯, 서울, 韓國中國語文學會, 2017年 11月

김수희　唐代 敎坊 大曲과 唐五代文人詞의 戱劇性에 대한 상관적 고찰, 『中國文學』, 第93輯, 서울, 韓國中國語文學會, 2017年 11月

박홍준　柳永詞와 宋代 都市文化, 『中國文學』, 第93輯, 서울, 韓國中國語文學會, 2017年 11月

배병균　蒲松齡과 세 명의 張鴻漸, 『中國文學』, 第93輯, 서울, 韓國中國語文學會, 2017年 11月

이정재　日本 關西大學 所藏 鼓詞 ≪大明興隆≫ 硏究, 『中國文學』, 第93輯, 서울, 韓國中國語文學會, 2017年 11月

오수경　역사적 기억과 휴머니티로 다시 읽는 중국 고전 희곡, 〈조씨고아〉, 『中國文學』, 第93輯, 서울, 韓國中國語文學會, 2017年 11月

류소진　丁若鏞의 유배 시기 和蘇詩에 나타난 심리적 기제, 『中國文學』, 第93輯, 서울, 韓國中國語文學會, 2017年 11月

천　진　파편들의 리듬 - 張律 영화의 장소(place) 문제, 『中國文學』, 第93輯, 서울, 韓國中國語文學會, 2017年 11月

오문의 · 최선희　중국 방언에 나타난 AXAB 중첩어의 분포적 특성 연구, 『中國文學』, 第93輯, 서울, 韓國中國語文學會, 2017年 11月

유 위·손정애 한국인학습자의 중국어동사 "有" 사용상의 오류 분석 : 첨
          가와 누락의 오류를 중심으로,『中國文學』, 第93輯, 서울,
          韓國中國語文學會, 2017年 11月

2-1 中國文學硏究 第66輯 2017年 2月 (韓國中文學會)

박혜경   李賀 樂府의 이전시기 樂府에 대한 수용과 변형에 관한
          분석,『中國文學硏究』, 第66輯, 서울, 韓國中文學會,
          2017年 2月
김 호   ≪동의보감(東醫寶鑑)≫의 중국전파와 간행에 관한 재론
          (再論),『中國文學硏究』, 第66輯, 서울, 韓國中文學會,
          2017年 2月
장 임   ≪前鋒月刊≫戰爭題材小說硏究,『中國文學硏究』, 第
          66輯, 서울, 韓國中文學會, 2017年 2月
박민호   왕숴(王朔) 창작에 대한 '다위안(大院)'의 영향과 왕숴의
          대중문화관,『中國文學硏究』, 第66輯, 서울, 韓國中文學
          會, 2017年 2月
이지원   중국어 맞장구 표현 - 중국인 화자와 한국인 중국어 화자
          간의 대화를 중심으로,『中國文學硏究』, 第66輯, 서울,
          韓國中文學會, 2017年 2月
임영택   試論打文法化의 統辭的 變化機制,『中國文學硏究』,
          第66輯, 서울, 韓國中文學會, 2017年 2月
한 승   '먹다'류 어휘의 역사적 변천과정 - 각 어휘들의 변천과정
          과 시대별 품사적 특징 및 어휘의 조합관계를 중심으로,

	『中國文學硏究』, 第66輯, 서울, 韓國中文學會, 2017年 2月
蔡藝玲	'被'자 구문에 대한 생성어법적 연구,『中國文學硏究』, 第66輯, 서울, 韓國中文學會, 2017年 2月
배은한	中國語 音韻體系 변화 과정에 반영된 撮口呼의 형성 과정 연구,『中國文學硏究』, 第66輯, 서울, 韓國中文學會, 2017年 2月
김신주	聞尊 銘文 '余學事女母不善'에 대한 小考,『中國文學硏究』, 第66輯, 서울, 韓國中文學會, 2017年 2月
전광진	타이완 세딕어 한글 서사체계의 보완 및 활용에 관한 연구,『中國文學硏究』, 第66輯, 서울, 韓國中文學會, 2017年 2月

2-2 中國文學硏究 第67輯 2017年 5月 (韓國中文學會)

최진아	도깨비의 귀환: 드라마 '도깨비'에 내재한 韓·中 전통 괴담서사의 원리,『中國文學硏究』, 第67輯, 서울, 韓國中文學會, 2017年 5月
이시찬	≪반야심경≫으로 분석한 ≪서유기≫ 연구,『中國文學硏究』, 第67輯, 서울, 韓國中文學會, 2017年 5月
여승환	〈同光名伶十三絶〉畵에 그려진 京劇 老生 배우 3인의 연기 활동 고찰,『中國文學硏究』, 第67輯, 서울, 韓國中文學會, 2017年 5月
박은혜·박민호	중국의 셜록 홈스 시리즈 수용과 청샤오칭(程小靑) 탐정소설 속 '휘쌍(霍桑)' 캐릭터 연구,『中國文學硏究』, 第67

輯, 서울, 韓國中文學會, 2017年 5月

조홍선 《화산도(火山島)》와 《눈에 보이는 귀신(看得見的鬼)
》 비교연구 - 탈식민을 중심으로, 『中國文學硏究』, 第67
輯, 서울, 韓國中文學會, 2017年 5月

焦毓梅 非形貌類個體量詞語義, 性質及用法研究, 『中國文學硏
究』, 第67輯, 서울, 韓國中文學會, 2017年 5月

유수경 · 전생방 '誰也贏不了'류 구문의 중의성 분석, 『中國文學硏究』, 第
67輯, 서울, 韓國中文學會, 2017年 5月

김원희 원형적 '초래성' 등급 척도 설정에 대한 고찰, 『中國文學
硏究』, 第67輯, 서울, 韓國中文學會, 2017年 5月

김상규 일제강점기 항일독립운동의 새로운 일면 : 중국어 교육과
중국어회화교재 편찬 - 《中語大全》 저자 李祖憲의 삶
을 중심으로, 『中國文學硏究』, 第67輯, 서울, 韓國中文
學會, 2017年 5月

2-3 中國文學硏究 第68輯 2017年 8月 (韓國中文學會)

강창수 李賀 〈馬詩二十三首〉 研究, 『中國文學硏究』, 第68輯,
서울, 韓國中文學會, 2017年 8月

김금남 敦煌 聯章體歌辭 〈搗練子 · 孟姜女〉의 서사구조 분석
및 연행형식 고찰, 『中國文學硏究』, 第68輯, 서울, 韓國
中文學會, 2017年 8月

이인경 魏晉南北朝 志怪小說 속 '仙境' 이미지와 예술적 성취 -
仙境 유람 유형 志怪小說을 중심으로 -, 『中國文學硏究

』, 第68輯, 서울, 韓國中文學會, 2017年 8月

김양수	1970년대 한국·대만문학의 공동유산으로서의 '제3세계' -황석영·황춘밍의 소설과 그 영화화,『中國文學硏究』, 第68輯, 서울, 韓國中文學會, 2017年 8月
허근배·원종은	〈광인일기(狂人日記)〉 텍스트 구조의 변증법적 분석 - 정반합(正反合)을 중심으로,『中國文學硏究』, 第68輯, 서울, 韓國中文學會, 2017年 8月
김정수	'저층문학'에서 '노동자문학'으로 - 〈나는 판위수입니다〉를 중심으로,『中國文學硏究』, 第68輯, 서울, 韓國中文學會, 2017年 8月
장호득	현대중국어 相 표지 '過' 관련 구조 중한 대조 분석,『中國文學硏究』, 第68輯, 서울, 韓國中文學會, 2017年 8月
정현애	한국어 '안'과 '속', 중국어 '里'와 '中'의 대조연구,『中國文學硏究』, 第68輯, 서울, 韓國中文學會, 2017年 8月
서재선	한대 문자 와당의 자형 탐구,『中國文學硏究』, 第68輯, 서울, 韓國中文學會, 2017年 8月

2-4 中國文學硏究 第69輯 2017年 11月 (韓國中文學會)

빈미정	李商隱 詩의 신화적 이미지 고찰,『中國文學硏究』, 第69輯, 서울, 韓國中文學會, 2017年 11月
박혜경	《唐詩三百首》의 選詩 경향과 詩論的 배경,『中國文學硏究』, 第69輯, 서울, 韓國中文學會, 2017年 11月
송정화	《서유기(西游記)》: 재구성된 이역(異域),『中國文學硏

究』, 第69輯, 서울, 韓國中文學會, 2017年 11月

고숙희	18세기 한중사회의 일상과 범죄 - ≪녹주공안(鹿洲公案)≫과 ≪흠흠신서(欽欽新書)≫를 중심으로 - , 『中國文學研究』, 第69輯, 서울, 韓國中文學會, 2017年 11月
김봉연	東西의 소설 ≪언어 없는 생활≫ 속 발화양상과 의미, 『中國文學研究』, 第69輯, 서울, 韓國中文學會, 2017年 11月
장윤선	쑤퉁(蘇童)의 '향춘수가(香椿樹街)' 연작 소설에 나타난 청소년 형상 고찰, 『中國文學研究』, 第69輯, 서울, 韓國中文學會, 2017年 11月
최성일	老舍의 ≪蛤藻集≫에 반영된 문화비판의 含意, 『中國文學研究』, 第69輯, 서울, 韓國中文學會, 2017年 11月
이병민	중국 '포스트-5세대' 영화의 리얼리즘 연구, 『中國文學研究』, 第69輯, 서울, 韓國中文學會, 2017年 11月
이경숙	'建'字의 '樹立'義, '飜覆'義와 '健'字 및 그 同源字에 관한 훈고, 『中國文學研究』, 第69輯, 서울, 韓國中文學會, 2017年 11月
한 승 · 서원남	중국어 '줍다'류 어휘의 역사적 변천과정 - '掫'이 '拾'을 교체한 과정을 중심으로 , 『中國文學研究』, 第69輯, 서울, 韓國中文學會, 2017年 11月
진 현	중국어 문장부호 교육방안 연구, 『中國文學研究』, 第69輯, 서울, 韓國中文學會, 2017年 11月

3- 1 中國文化硏究 第35輯 2017年 2月 (中國文化硏究學會)

진성희 · 최은정	상실과 회귀 - 중국적 '뿌리의식'에 대한 일고찰, 『中國文化硏究』, 第35輯, 서울, 中國文化硏究學會, 2017年 2月
김소영	비주얼텍스트의 트랜스미디에이션을 통한 이미지의 사유 - 영화 〈행자〉와 〈혼돈 이후〉를 중심으로, 『中國文化硏究』, 第35輯, 서울, 中國文化硏究學會, 2017年 2月
김정수	중국 '신노동자' 집단정체성 형성의 문화정치적 함의 - 베이징 피춘 '노동자의 집'을 중심으로, 『中國文化硏究』, 第35輯, 서울, 中國文化硏究學會, 2017年 2月
김은수	개혁개방 성립기(1976~1980) 중국공산당의 문화예술 정책, 『中國文化硏究』, 第35輯, 서울, 中國文化硏究學會, 2017年 2月
김계태 · 노남중	중국의 문화전략 변천考, 『中國文化硏究』, 第35輯, 서울, 中國文化硏究學會, 2017年 2月
김광영	魚龍曼延 小考 - 佛敎와의 연관성을 중심으로, 『中國文化硏究』, 第35輯, 서울, 中國文化硏究學會, 2017年 2月
임현수	중국 고대 巫敎 인식에 관한 연구 - 商代 巫의 사회적 위상을 중심으로, 『中國文化硏究』, 第35輯, 서울, 中國文化硏究學會, 2017年 2月
유현아	중국어 어휘에 나타나는 음식문화 고찰 - 主食과 副食 관련 어휘를 중심으로, 『中國文化硏究』, 第35輯, 서울, 中國文化硏究學會, 2017年 2月
홍서연	王國維 五代 · 北宋詞 우위론의 실제비평양상과 주요 논

점 고찰, 『中國文化硏究』, 第35輯, 서울, 中國文化硏究
學會, 2017年 2月

황현국	「梁父吟」의 表現技巧 分析, 『中國文化硏究』, 第35輯, 서울, 中國文化硏究學會, 2017年 2月
강수정	한중 번역뉴스의 프레임(Frame) 전환에 관한 연구 - 『參考消息』의 뉴스텍스트 분석을 중심으로, 『中國文化硏究』, 第35輯, 서울, 中國文化硏究學會, 2017年 2月
이소동	고대중국어 경제적 언어사용의 실체성 연구, 『中國文化硏究』, 第35輯, 서울, 中國文化硏究學會, 2017年 2月
李周殷	漢字文化學을 통하여 본 漢字 字形의 의미 고찰, 『中國文化硏究』, 第35輯, 서울, 中國文化硏究學會, 2017年 2月
박화염·한용수	漢韓"眼/目"類詞的語義取象分析, 『中國文化硏究』, 第35輯, 서울, 中國文化硏究學會, 2017年 2月

3-2 中國文化硏究 第36輯 2017年 5月 (中國文化硏究學會)

김 선	遺棄에서 自殺까지 - 明末淸初 柳如是의 수치심을 중심으로, 『中國文化硏究』, 第36輯, 서울, 中國文化硏究學會, 2017年 5月
유혜영	兩漢 琴曲의 표현형식과 사상내용에 관한 고찰 - 相和歌와의 비교를 통하여, 『中國文化硏究』, 第36輯, 서울, 中國文化硏究學會, 2017年 5月
정우광	'葉珊 시기 楊牧의 시 연구, 『中國文化硏究』, 第36輯, 서울, 中國文化硏究學會, 2017年 5月

朴興洙·閆慧娟	漢韓親屬稱謂語"哥(오빠/형)"的泛化對比及跨文化研究,『中國文化研究』, 第36輯, 서울, 中國文化研究學會, 2017年 5月
오제중	金文學 著書 書評 考察,『中國文化研究』, 第36輯, 서울, 中國文化研究學會, 2017年 5月
서한용	廣雅疏證의 '視義字' 訓詁에 대한 고찰,『中國文化研究』, 第36輯, 서울, 中國文化研究學會, 2017年 5月
염재웅	언해 문헌에 수록된 한국한자음 이독자의 음의관계에 대한 수량비교연구,『中國文化研究』, 第36輯, 서울, 中國文化研究學會, 2017年 5月

3-3 中國文化研究 第37輯 2017年 8月 (中國文化研究學會)

최명숙	中國 '시베이펑' 음악의 민족화 고찰,『中國文化研究』, 第37輯, 서울, 中國文化研究學會, 2017年 8月
권기영	'한한령(限韓令)'을 통해 본 중국 대외문화정책의 딜레마,『中國文化研究』, 第37輯, 서울, 中國文化研究學會, 2017年 8月
金光永	元雜劇 佛敎劇 연구,『中國文化研究』, 第37輯, 서울, 中國文化研究學會, 2017年 8月
송연옥	'동화적 환상'으로 본 周星馳의『美人魚』,『中國文化研究』, 第37輯, 서울, 中國文化研究學會, 2017年 8月
김승심	太宗·玄宗詩에서 읽는 帝王文化,『中國文化研究』, 第37輯, 서울, 中國文化研究學會, 2017年 8月

최윤주	淸代 士人과 男旦 관계 연구,『中國文化硏究』, 第37輯, 서울, 中國文化硏究學會, 2017年 8月
박찬욱	중국언어학 교육을 위한 전자교재에 대한 구상 시론,『中國文化硏究』, 第37輯, 서울, 中國文化硏究學會, 2017年 8月
현성준	중국어 동물 관련 사자성어 연구,『中國文化硏究』, 第37輯, 서울, 中國文化硏究學會, 2017年 8月

3-4 中國文化硏究 第38輯 2017年 11月 (中國文化硏究學會)

권기영	후발국 문화산업 육성 전략의 유사성 연구,『中國文化硏究』, 第38輯, 서울, 中國文化硏究學會, 2017年 11月
강수정	중국매체의 내러티브 뉴스 번역에 관한 탐색적 연구,『中國文化硏究』, 第38輯, 서울, 中國文化硏究學會, 2017年 11月
김소정	민국시기 러시아문학의 수용과 번역,『中國文化硏究』, 第38輯, 서울, 中國文化硏究學會, 2017年 11月
박재연	새로 발굴된 번역소설 필사본『후셔유긔』에 대하여,『中國文化硏究』, 第38輯, 서울, 中國文化硏究學會, 2017年 11月
羅敏球·崔香蘭	中國東北方言的社會語言學調查,『中國文化硏究』, 第38輯, 서울, 中國文化硏究學會, 2017年 11月
이인경	祭祀와 관련된 '示 부수 漢字에 반영된 고대 중국인의 文化思維,『中國文化硏究』, 第38輯, 서울, 中國文化硏究

學會, 2017年 11月

謝衛菊·李宇哲	≪史記≫帶賓連謂結構的特徵和發展研究, 『中國文化研究』, 第38輯, 서울, 中國文化研究學會, 2017年 11月
이명재	『玉照定眞經』의 知命體系, 『中國文化研究』, 第38輯, 서울, 中國文化研究學會, 2017年 11月
이영숙	地理·種族·젠더의 시대적 의미, 『中國文化研究』, 第38輯, 서울, 中國文化研究學會, 2017年 11月
강종임	『法苑珠林·祭祀篇』을 통해 본 亡者의 세계, 『中國文化研究』, 第38輯, 서울, 中國文化研究學會, 2017年 11月
김낙철	唐傳奇에 나타난 뉴에이지(New Age) 고찰, 『中國文化研究』, 第38輯, 서울, 中國文化研究學會, 2017年 11月
홍혜진	계보에서 취향으로, 『中國文化研究』, 第38輯, 서울, 中國文化研究學會, 2017年 11月
서 성·조성천	악각본『서상기』삽화의 특징과 표현 효과, 『中國文化研究』, 第38輯, 서울, 中國文化研究學會, 2017年 11月
황선미	대만 현대문학의 기원에 대한 연구, 『中國文化研究』, 第38輯, 서울, 中國文化研究學會, 2017年 11月

4-1 中國小說論叢 第51輯 2017年 4月 (韓國中國小說學會)

吳慶禧·문정진	岳刻本 ≪西廂記≫의 출판 환경과 출판 기획, 『中國小說論叢』, 第51輯, 서울, 韓國中國小說學會, 2017年 4月
千大珍	三言小說 속 詩 研究, 『中國小說論叢』, 第51輯, 서울, 韓國中國小說學會, 2017年 4月

李騰淵   ≪情史≫의 국내 수용 과정에 관한 試論,『中國小說論叢
        』, 第51輯, 서울, 韓國中國小說學會, 2017年 4月

金水珍   老舍의 ≪新時代的舊悲劇≫에 드러난 인물형상의 서술
        양상과 작가의식,『中國小說論叢』, 第51輯, 서울, 韓國
        中國小說學會, 2017年 4月

陳性希   '지아장커 영화라는 레이블과 영화〈산하고인〉에 대한 일
        고찰,『中國小說論叢』, 第51輯, 서울, 韓國中國小說學
        會, 2017年 4月

왕보하 · 焦 佩   中國網絡小說改編影視劇的叙事變化研究 - 以≪琅琊
        榜≫爲例,『中國小說論叢』, 第51輯, 서울, 韓國中國小
        說學會, 2017年 4月

4-2 中國小說論叢 제52輯 2017年 8月 (韓國中國小說學會)

鄭廣薰   唐代 신라와 고구려인의 越境, 그리고 소설 속 그들의 형
        상,『中國小說論叢』, 第52輯, 서울, 韓國中國小說學會,
        2017年 8月

김도영   젠더의 혼란을 야기한 남채화(藍彩和)의 형상 연구,『中
        國小說論叢』, 第52輯, 서울, 韓國中國小說學會, 2017年
        8月

崔亨燮   ≪儒林外史≫와 南京,『中國小說論叢』, 第52輯, 서울,
        韓國中國小說學會, 2017年 8月

유정일   ≪虞初廣志≫의 문헌적 성격과 ≪虞初廣志≫ 소재 安重
        根傳 연구,『中國小說論叢』, 第52輯, 서울, 韓國中國小

說學會, 2017年 8月

趙寬熙   루쉰의 중국 고대소설 연구 1, 『中國小說論叢』, 第52輯, 서울, 韓國中國小說學會, 2017年 8月

박희선   老舍의 단편소설 ≪斷魂槍≫과 희곡 ≪五虎斷魂槍≫ 비교 연구, 『中國小說論叢』, 第52輯, 서울, 韓國中國小說學會, 2017年 8月

文炫善   劉震雲 소설의 서사 변용 연구, 『中國小說論叢』, 第52輯, 서울, 韓國中國小說學會, 2017年 8月

崔眞娥   중국소설 과목의 캡스톤 디자인 교육과정과 학술적 가치에 대한 연구, 『中國小說論叢』, 第52輯, 서울, 韓國中國小說學會, 2017年 8月

4-3 中國小說論叢 제53輯 2017年 12月 (韓國中國小說學會)

林雨馨   閻連科小說 ≪四書≫ 倣聖經體語言硏究, 『中國小說論叢』, 第53輯, 서울, 韓國中國小說學會, 2017年 12月

崔銀晶   1920년대 중국여성소설에 나타난 '아내' 서사 - 링수화(凌叔華)와 천잉(沉櫻)의 작품을 중심으로, 『中國小說論叢』, 第53輯, 서울, 韓國中國小說學會, 2017年 12月

高淑姬   韓中의 옛 이야기꾼, '이야기'를 자본화 하다, 『中國小說論叢』, 第53輯, 서울, 韓國中國小說學會, 2017年 12月

최형섭   馮夢龍의 '다시 쓰기(rewriting)'에 관하여 - 〈況太守斷死孩兒〉을 중심으로, 『中國小說論叢』, 第53輯, 서울, 韓國中國小說學會, 2017年 12月

李玟淑 19세기 중국과 동아시아의 문화 간커뮤니케이션 ; 위원
    (魏源)의 ≪ 해국도지(海國圖志) ≫ 를 중심으로,『中國
    小說論叢』, 第53輯, 서울, 韓國中國小說學會, 2017年 12月

金明信 ≪ 七劍十三俠 ≫ 의 판본과 환상적 영웅서사,『中國小說
    論叢』, 第53輯, 서울, 韓國中國小說學會, 2017年 12月

배우정 국내 소장된 ≪ 西漢演義 ≫ 의 서지학적 고찰 ≪ 西漢演
    義 ≫ 의 "中國版本"을 중심으로,『中國小說論叢』, 第53
    輯, 서울, 韓國中國小說學會, 2017年 12月

金震坤 '小說', 자질구레한 이야기? : 명청 시기의 '小說' 그리고 그
    현대적 해석,『中國小說論叢』, 第53輯, 서울, 韓國中國
    小說學會, 2017年 12月

高旼喜 當代紅學의 多元化 현상에 관한 고찰,『中國小說論叢』,
    第53輯, 서울, 韓國中國小說學會, 2017年 12月

5-1 中國語 教育과 研究 第25號 2017年 6月 (韓國中國語教育學會)

耿　直 · 송시황 중국어 대표중모음과 변이음,『中國語 教育과 研究』, 第
    25號, 서울, 韓國中國語教育學會, 2017年 6月

한수현 · 이지은 중국어 교육용 신조어 선정과 교수법에 관한 시론,『中國
    語 教育과 研究』, 第25號, 서울, 韓國中國語教育學會,
    2017年 6月

金承賢 · 李英月 '牛'의 문법화와 역문법화 현상,『中國語 教育과 研究』,
    第25號, 서울, 韓國中國語教育學會, 2017年 6月

金　瑛 基於句法分析的漢語四字格詞匯教學研究,『中國語 教

育과 硏究』, 第25號, 서울, 韓國中國語敎育學會, 2017年
6月

金鉉哲 · 崔桂花　'一拳VP'를 통해 살펴 본 '一量VP'의 발생기제 연구,『中
國語 敎育과 硏究』, 第25號, 서울, 韓國中國語敎育學會,
2017年 6月

GUO XINGYAN　構式"NP+容易/難+V"的句法和語義硏究,『中國語 敎育
과 硏究』, 第25號, 서울, 韓國中國語敎育學會, 2017年 6月

章　蓉　現代漢語强調標記詞"可"和"是"的語法功能及其敎學法
考,『中國語 敎育과 硏究』, 第25號, 서울, 韓國中國語敎
育學會, 2017年 6月

신원철 · 김나래 · 소민정 · 손남호 · 이강재 · 이연숙 · 이미경 · 김석영　중국
어 교재 평가 체크리스트 개발 연구,『中國語 敎育과 硏
究』, 第25號, 서울, 韓國中國語敎育學會, 2017年 6月

文有美　생활중국어 교과서에 나타나는 젠더 표현 양상 분석,『中
國語 敎育과 硏究』, 第25號, 서울, 韓國中國語敎育學會,
2017年 6月

이선희　2015개정교육과정의 이해와 중국어교과 교사용 지도서에
관한 제언,『中國語 敎育과 硏究』, 第25號, 서울, 韓國中
國語敎育學會, 2017年 6月

程珮玲　臺灣華語相鄰語對中問答類型的話輪轉換時間,『中國
語 敎育과 硏究』, 第25號, 서울, 韓國中國語敎育學會,
2017年 6月

馮盼盼 · 진　현　음식 이름의 한중 번역어 수용성 연구,『中國語 敎育과
硏究』, 第25號, 서울, 韓國中國語敎育學會, 2017年 6月

5-2 中國語 敎育과 硏究 第26號 2017年 12月 (韓國中國語敎育學會)

박용진   중국어 교육의 관점으로 설계한 중국어 품사체계 연구-
모국어가 한국어인 중국어 학습자 중심으로-, 『中國語
敎育과 硏究』, 第26號, 서울, 韓國中國語敎育學會, 2017
年 12月

장준영   공자(孔子)의 인성론과 그 교육철학 "다시보기", 『中國語
敎育과 硏究』, 第26號, 서울, 韓國中國語敎育學會, 2017
年 12月

임재민   예비 중국어 교사의 수업력에 관한 사례 연구, 『中國語
敎育과 硏究』, 第26號, 서울, 韓國中國語敎育學會, 2017
年 12月

이미경   중국인 성명의 성조 구조에 관한 소고, 『中國語 敎育과
硏究』, 第26號, 서울, 韓國中國語敎育學會, 2017年 12月

민재홍   중국어와 한국 한자어 同形 낱말 비교 연구, 『中國語 敎
育과 硏究』, 第26號, 서울, 韓國中國語敎育學會, 2017年
12月

풍　쟁·김현철   韓國學生介詞框架"在……上/下"習得硏究, 『中國語 敎
育과 硏究』, 第26號, 서울, 韓國中國語敎育學會, 2017年
12月

김충실·악일비   표기이론과 중한 목적어 구문 습득에서의 모국어 간섭현
상, 『中國語 敎育과 硏究』, 第26號, 서울, 韓國中國語敎
育學會, 2017年 12月

진화진   형용사의 서술어 기능과 '很'수식, 『中國語 敎育과 硏究』,

第26號, 서울, 韓國中國語敎育學會, 2017年 12月

유 위 · 신미경 　　현대중국어 조사 '得'에 관한 한국인 학습자의 오류 분석, 『中國語 敎育과 硏究』, 第26號, 서울, 韓國中國語敎育學會, 2017年 12月

김승현 · 김홍매 　　현대중국어 '到'와 '到X'의 인지적 의미 분석, 『中國語 敎育과 硏究』, 第26號, 서울, 韓國中國語敎育學會, 2017年 12月

윤상희 　　초급중국어교재 기사문(祈使句)의 사용현황과 교육방안 연구, 『中國語 敎育과 硏究』, 第26號, 서울, 韓國中國語敎育學會, 2017年 12月

정혜인 　　현대중국어 '一旦'과 한국어 '일단'의 의미 대조, 『中國語 敎育과 硏究』, 第26號, 서울, 韓國中國語敎育學會, 2017年 12月

6-1 中國語文論譯叢刊 第40輯 2017年 1月 (中國語文論譯學會)

최병규 　　중국고전문학 속 癡와 癡情의 함의와 용례, 그리고 그 변천에 관한 고찰-≪世說新語≫를 분기점으로, 『中國語文論譯叢刊』, 第40輯, 서울, 中國語文論譯學會, 2017年 1月

박혜경 　　李賀 詩의 音樂的 특성과 樂府詩에 대한 고찰, 『中國語文論譯叢刊』, 第40輯, 서울, 中國語文論譯學會, 2017年 1月

정유선 　　중국 戲曲年畫의 시각적 내러티브-三國戲를 중심으로,

『中國語文論譯叢刊』, 第40輯, 서울, 中國語文論譯學會, 2017年 1月

高　航·陳麗娟　　日本漢詩集≪東瀛詩選≫用韻硏究, 『中國語文論譯叢刊』, 第40輯, 서울, 中國語文論譯學會, 2017年 1月

김　영　　중국소설 ≪西遊記≫ 번역본의 조선후기 유통에 관한 연구 - 영남대 소장 번역필사본을 중심으로, 『中國語文論譯叢刊』, 第40輯, 서울, 中國語文論譯學會, 2017年 1月

오순방　　미국장로회선교사 윌리엄 뉴튼 블레어(邦緯良)의 한국선교와 숭실대학, 『中國語文論譯叢刊』, 第40輯, 서울, 中國語文論譯學會, 2017年 1月

김순진　　장롄이 장편동화 속 환상세계의 의미망, 『中國語文論譯叢刊』, 第40輯, 서울, 中國語文論譯學會, 2017年 1月

주숙하　　日本殖民地作家張赫宙之東亞跨語際實踐, 『中國語文論譯叢刊』, 第40輯, 서울, 中國語文論譯學會, 2017年 1月

박용진·박병선·서진현　　≪往五天竺國傳≫ 校勘(5), 『中國語文論譯叢刊』, 第40輯, 서울, 中國語文論譯學會, 2017年 1月

김태완·조원일　　≪字彙≫ 部首 考察, 『中國語文論譯叢刊』, 第40輯, 서울, 中國語文論譯學會, 2017年 1月

김종찬　　≪現代漢語詞典≫中的"不便"詞性探究, 『中國語文論譯叢刊』, 第40輯, 서울, 中國語文論譯學會, 2017年 1月

최재영·김윤영　　후치성분 '來說'의 문법화 연구 - 'Pre+NP+來說'구조를 중심으로, 『中國語文論譯叢刊』, 第40輯, 서울, 中國語文論譯學會, 2017年 1月

정인정　　현대중국어 부사 '從來'의 의미 기능 연구 - '확률' 의미를

	중심으로, 『中國語文論譯叢刊』, 第40輯, 서울, 中國語文論譯學會, 2017年 1月
이제우	'중국문언' 교과의 번역교육 - 역문의 형태를 중심으로, 『中國語文論譯叢刊』, 第40輯, 서울, 中國語文論譯學會, 2017年 1月
Piao Hongying · 정진강	模因論視野下漢語會話課敎學的思考與探索, 『中國語文論譯叢刊』, 第40輯, 서울, 中國語文論譯學會, 2017年 1月
김지영	한유의 詩文合一과 文章流弊에 대한 논의, 『中國語文論譯叢刊』, 第40輯, 서울, 中國語文論譯學會, 2017年 1月
박찬욱	한어의 위계 변화, 『中國語文論譯叢刊』, 第40輯, 서울, 中國語文論譯學會, 2017年 1月
張德强 · 高 洁	시행학습(trial-learning)의 이론, 전략 그리고 실천, 『中國語文論譯叢刊』, 第40輯, 서울, 中國語文論譯學會, 2017年 1月
조은경	형식 화용론과 외축 이론 - 명시와 중국어 결합가 연구의 관계를 함께 논함 (下), 『中國語文論譯叢刊』, 第40輯, 서울, 中國語文論譯學會, 2017年 1月
이지현	동사의 동작류 분류, 『中國語文論譯叢刊』, 第40輯, 서울, 中國語文論譯學會, 2017年 1月
노혜정	음운 층위의 정의와 분석 방법(상), 『中國語文論譯叢刊』, 第40輯, 서울, 中國語文論譯學會, 2017年 1月

6-2 中國語文論譯叢刊 제41輯 2017年 7月 (中國語文論譯學會)

최석원 聯句 창작을 통해 본 宋代 문인의 문학적 교유, 『中國語文論譯叢刊』, 第41輯, 서울, 中國語文論譯學會, 2017年 7月

슬론제시 Attitudes Toward the Northeast Frontier in the Travel Diaries of the Jin Dynasty Literati-Official Wang Ji(1128-1194) - A Comparative Study of Travel Writingin an Imperial Context, 『中國語文論譯叢刊』, 第41輯, 서울, 中國語文論譯學會, 2017年 7月

정유선 ≪長物志≫의 문헌적 가치 및 관련 연구 성과 검토, 『中國語文論譯叢刊』, 第41輯, 서울, 中國語文論譯學會, 2017年 7月

고 비·오순방 19世紀Aesop's Fables羅伯聃中譯本≪意拾喩言≫譯介特色之分析, 『中國語文論譯叢刊』, 第41輯, 서울, 中國語文論譯學會, 2017年 7月

손주연 CCTV 다큐멘터리에 내재된 중국의 문화민족주의 - ≪와이탄(外灘)≫을 중심으로, 『中國語文論譯叢刊』, 第41輯, 서울, 中國語文論譯學會, 2017年 7月

박용진 ≪往五天竺國傳≫ 校勘 (6), 『中國語文論譯叢刊』, 第41輯, 서울, 中國語文論譯學會, 2017年 7月

김인주 중국인 유학생 교육 내실화를 위한 전용교과 운영 사례 연구 및 제안 - 「커리어스타트」 교과를 중심으로, 『中國語文論譯叢刊』, 第41輯, 서울, 中國語文論譯學會, 2017

年 7月

위행복 한·중 인문교류의 현황과 전망 - 한·중인문학포럼을 중심으로, 『中國語文論譯叢刊』, 第41輯, 서울, 中國語文論譯學會, 2017年 7月

이승희 제4차 산업혁명 시대 놀이문화를 위하여 - 한·중 게임산업을 중심으로, 『中國語文論譯叢刊』, 第41輯, 서울, 中國語文論譯學會, 2017年 7月

여승환·김보경 任半塘 ≪唐戲弄≫〈總說〉 '晚唐' 부분 譯註, 『中國語文論譯叢刊』, 第41輯, 서울, 中國語文論譯學會, 2017年 7月

김지영 韓愈와 柳宗元의 작문 경쟁, 『中國語文論譯叢刊』, 第41輯, 서울, 中國語文論譯學會, 2017年 7月

권호종·황영희·박정숙·이기훈·신민야·이봉상 ≪靑樓韻語≫의 經文과 原註에 대한 譯解 (4), 『中國語文論譯叢刊』, 第41輯, 서울, 中國語文論譯學會, 2017年 7月

백광준 The Chinese Repository, 3권 3호(1834) 역주 및 해제, 『中國語文論譯叢刊』, 第41輯, 서울, 中國語文論譯學會, 2017年 7月

민정기 【역해】 귀츨라프: 세 번째 중국연안 항해의 기록 (1), 『中國語文論譯叢刊』, 第41輯, 서울, 中國語文論譯學會, 2017年 7月

오유정 중국어의 비(非)화제 주어 (1), 『中國語文論譯叢刊』, 第41輯, 서울, 中國語文論譯學會, 2017年 7月

7-1 中國語文論叢 第79輯 2017年 2月 (中國語文研究會)

이소동 　　고대중국어 동사의 지칭성 연구-≪史記·列傳≫ 내 목
　　　　　　적어 위치를 중심으로,『中國語文論叢』, 第79輯, 서울,
　　　　　　中國語文研究會, 2017年 2月

邱　崇 　　漢語現場展示話語標記"這不"的功能及其來源, 『中國
　　　　　　語文論叢』第79輯, 서울, 中國語文研究會, 2017年 2月

신경미 　　현대중국어 형용사 반의어에 대한 고찰,『中國語文論叢
　　　　　　』, 第79輯, 서울, 中國語文研究會, 2017年 2月

조경환 　　The Structural Principles of the Chinese Language에 관한
　　　　　　소고,『中國語文論叢』, 第79輯, 서울, 中國語文研究會,
　　　　　　2017年 2月

이선희 　　중국어와 한국어 신체어 '눈'의 의미 확장 대조 연구,『中
　　　　　　國語文論叢』, 第79輯, 서울, 中國語文研究會, 2017年 2月

조영란 　　'관광서비스중국어' 수업에서 PBL 활용-강의사례를 중심
　　　　　　으로,『中國語文論叢』, 第79輯, 서울, 中國語文研究會,
　　　　　　2017年 2月

Xu BaoYu 　　一般評論中的徐庚文評,『中國語文論叢』, 第79輯, 서울,
　　　　　　中國語文研究會, 2017年 2月

안예선 　　歐陽脩 ≪新五代史≫의 筆記 자료 채택 고찰,『中國語
　　　　　　文論叢』, 第79輯, 서울, 中國語文研究會, 2017年 2月

오헌필 　　李覯의 詠物詩 내용 분석,『中國語文論叢』, 第79輯, 서
　　　　　　울, 中國語文研究會, 2017年 2月

김지선 　　17세기 중국의 과학과 ≪三才圖會≫(II) - 圖鑑으로서의

	의미를 중심으로,『中國語文論叢』, 第79輯, 서울, 中國語文研究會, 2017年 2月
이지은	≪繡像繪圖長生殿≫ 삽화 연구 - 삽화를 통해 살펴본 종교사상,『中國語文論叢』, 第79輯, 서울, 中國語文研究會, 2017年 2月
권운영	朝鮮 中期 文人의 글에서 살펴본 中國古典小說에 대한 批評,『中國語文論叢』, 第79輯, 서울, 中國語文研究會, 2017年 2月
김윤수	1930년대 중국 여성의 미용 담론이 가지는 의미 - ≪玲瓏(1931-1937)≫을 중심으로,『中國語文論叢』, 第79輯, 서울, 中國語文研究會, 2017年 2月
이현복 · 성옥례	좌익문학의 역사적 정의와 그 상상,『中國語文論叢』, 第79輯, 서울, 中國語文研究會, 2017年 2月
고운선	장구이(姜貴) 작품을 둘러싼 콘텍스트와 ≪회오리바람(旋風)≫이라는 텍스트,『中國語文論叢』, 第79輯, 서울, 中國語文研究會, 2017年 2月
이근석	중국유머에 나타난 한국인 풍자의 양태(2) - 유머의 원리, 구조, 배경을 중심으로,『中國語文論叢』, 第79輯, 서울, 中國語文研究會, 2017年 2月
이승신 · 채수민 · 송정화	≪萬曆野獲編 · 士人≫ 飜譯 및 註釋(2),『中國語文論叢』, 第79輯, 서울, 中國語文研究會, 2017年 2月

7-2 中國語文論叢 第80輯 2017年 4月 (中國語文研究會)

장정임	≪論語·爲政≫ "至於犬馬皆能有養"의 의미 재고찰,『中國語文論叢』, 第80輯, 서울, 中國語文硏究會, 2017年 4月
杜麗榮	≪說文解字≫"旁"字"闕"試考,『中國語文論叢』, 第80輯, 서울, 中國語文硏究會, 2017年 4月
Yan JiaoLian	試論漢字字形修辭的方式,『中國語文論叢』, 第80輯, 서울, 中國語文硏究會, 2017年 4月
양영매	현대중국어 不怎麽의 주관량 인식조건,『中國語文論叢』, 第80輯, 서울, 中國語文硏究會, 2017年 4月
WANG FEIYAN	≪莊子≫에 나타난 '小說'의 의미에 대한 고찰,『中國語文論叢』, 第80輯, 서울, 中國語文硏究會, 2017年 4月
노은정	宋詩에 나타난 楊貴妃의 형상 변화 연구,『中國語文論叢』, 第80輯, 서울, 中國語文硏究會, 2017年 4月
조미원	'金陵 콤플렉스와 기억의 서사-≪紅樓夢≫에 나타난 '南京'의 표상과 의미,『中國語文論叢』, 第80輯, 서울, 中國語文硏究會, 2017年 4月
김효민	梁建植과 ≪西廂記≫ 小考,『中國語文論叢』, 第80輯, 서울, 中國語文硏究會, 2017年 4月
성옥례	혁명문학논쟁과 루쉰의 혁명문학관,『中國語文論叢』, 第80輯, 서울, 中國語文硏究會, 2017年 4月
王 娟·장동천	欲望, 殘缺, 神性-施蟄存歷史小說中的存在主義困境,『中國語文論叢』, 第80輯, 서울, 中國語文硏究會, 2017年 4月
최말순	마음의 전쟁-식민지 대만의 전쟁기억과 '조국' 상상,『中

	國語文論叢』, 第80輯, 서울, 中國語文硏究會, 2017年 4月
이새미	류전원(劉震雲) 소설에 나타난 말과 침묵의 커뮤니케이션 - 소설 ≪手機≫를 중심으로, 『中國語文論叢』, 第80輯, 서울, 中國語文硏究會, 2017年 4月
焦 佩・王寶霞	當代中國網絡歷史小說的敘事硏究, 『中國語文論叢』, 第80輯, 서울, 中國語文硏究會, 2017年 4月
김혜준	시노폰 문학, 세계화문문학, 화인화문문학 - 시노폰 문학 (Sinophone literature) 주장에 대한 중국 대륙 학계의 긍정 과 비판, 『中國語文論叢』, 第80輯, 서울, 中國語文硏究會, 2017年 4月
민경욱	陳寅恪 '詩史互證' 論考 譯注 (1) - 庾信<哀江南賦>二 種, 『中國語文論叢』, 第80輯, 서울, 中國語文硏究會, 2017年 4月
강찬수	≪華簡≫ 脫草 원문 및 校釋 (Ⅱ) - 第二十三信에서 第三 十四信까지, 『中國語文論叢』, 第80輯, 서울, 中國語文 硏究會, 2017年 4月

7-3 中國語文論叢 第81輯 2017年 6月 (中國語文硏究會)

박원기	≪史記≫ 致使性 겸어구문의 확정 및 분류 문제 고찰, 『中國語文論叢』, 第81輯, 서울, 中國語文硏究會, 2017年 6月
박준수	唐宋散文選集의 體系와 內容 硏究 - ≪古文關鍵≫ 選文

	과 評點을 중심으로,『中國語文論叢』, 第81輯, 서울, 中國語文研究會, 2017年 6月
김명구	'接受'與'排斥' - 以'中等不一致效應'探究宋元話本小説 '夢敍事',『中國語文論叢』, 第81輯, 서울, 中國語文研究 會, 2017年 6月
주준영 · 최용철	《紅樓夢》과 《金甁梅》의 서사 구성 설정 비교 연구 - 여성 인물 구도를 중심으로,『中國語文論叢』, 第81輯, 서울, 中國語文研究會, 2017年 6月
양선혜	韓中 여성신화의 비교 고찰 - 묘선과 바리공주 이야기를 중심으로,『中國語文論叢』, 第81輯, 서울, 中國語文研究會, 2017年 6月
劉永連 · 조은상	魯認旅明文獻及其文化交流上的意義,『中國語文論叢』, 第81輯, 서울, 中國語文研究會, 2017年 6月
강지전	西方"他者"視角下的中國作家閻連科,『中國語文論叢』, 第81輯, 서울, 中國語文研究會, 2017年 6月
조득창 · 조성천	李白의 <與賈少公書>와 <爲趙宣城與楊右相書>역해,『中國語文論叢』, 第81輯, 서울, 中國語文研究會, 2017年 6月

7-4 中國語文論叢 第82輯 2017年 8月 (中國語文研究會)

조경환	把個句에 관한 소고,『中國語文論叢』, 第82輯, 서울, 中國語文研究會, 2017年 8月
김주희	'所以'와 '於是'에 관한 소고,『中國語文論叢』, 第82輯, 서

울, 中國語文硏究會, 2017年 8月

정지수　　　개체성 상태동사와 지속상 표지 '着'의 결합현상 연구 - '有着'를 중심으로, 『中國語文論叢』, 第82輯, 서울, 中國語文硏究會, 2017年 8月

조영란　　　PBL을 적용한 '중국 역사와 문화' 수업 - 사례 연구를 중심으로, 『中國語文論叢』, 第82輯, 서울, 中國語文硏究會, 2017年 8月

Xu BaoYu　　"潛氣內轉"辨, 『中國語文論叢』, 第82輯, 서울, 中國語文硏究會, 2017年 8月

김효민　　　≪現譯西廂記≫의 改譯 양상과 의미, 『中國語文論叢』, 第82輯, 서울, 中國語文硏究會, 2017年 8月

최수경　　　淸 제국의 게토(ghetto) '苗疆'의 서사 - 18-19세기 지리서를 중심으로, 『中國語文論叢』, 第82輯, 서울, 中國語文硏究會, 2017年 8月

김화진　　　淸末 해외유기의 음식 기록을 통해 본 인식 변화, 『中國語文論叢』, 第82輯, 서울, 中國語文硏究會, 2017年 8月

송정화　　　영화 ≪美人魚≫ : 경전의 해체와 낯설게 하기, 『中國語文論叢』, 第82輯, 서울, 中國語文硏究會, 2017年 8月

유민희　　　'여성'의 키워드로 읽는 장아이링(張愛玲)의 <색, 계(色, 戒)>, 『中國語文論叢』, 第82輯, 서울, 中國語文硏究會, 2017年 8月

7-5 中國語文論叢 第83輯 2017年 10月 (中國語文硏究會)

박원기	≪史記≫ 致使性 겸어구문의 구문론적 해석,『中國語文論叢』, 第83輯, 서울, 中國語文研究會, 2017年 10月
오유정	후치 부사어 구문 V得C - 이차 술어 구문 동결식(VC)과의 비교를 중심으로,『中國語文論叢』, 第83輯, 서울, 中國語文研究會, 2017年 10月
김 영	러시아 상트페테르부르크 동방학연구소에 소장된 번역필사본 ≪동유긔≫에 대한 고찰,『中國語文論叢』, 第83輯, 서울, 中國語文研究會, 2017年 10月
최용철	청대 홍루몽의 판본삽화와 대중전파,『中國語文論叢』, 第83輯, 서울, 中國語文研究會, 2017年 10月
肖大平	淸代戱曲≪雲石會≫中人物原型考論,『中國語文論叢』, 第83輯, 서울, 中國語文研究會, 2017年 10月
최우석	李白의 <登覽>篇 고찰,『中國語文論叢』, 第83輯, 서울, 中國語文研究會, 2017年 10月
서용준	杜甫의 漢詩 <登岳陽樓>의 연구 - 시의 공간적 배경인 洞庭湖를 중심으로,『中國語文論叢』, 第83輯, 서울, 中國語文研究會, 2017年 10月
최진아	'하백의 신부'—한·중 다원과 공존의 서사 읽기,『中國語文論叢』, 第83輯, 서울, 中國語文研究會, 2017年 10月
김미영	穆旦 詩의 윤리 의식과 참회 정신,『中國語文論叢』, 第83輯, 서울, 中國語文研究會, 2017年 10月
백영길	陳映眞 ≪萬商帝君≫의 종교성 - 기독교 담론의 굴절과 세속화,『中國語文論叢』, 第83輯, 서울, 中國語文研究會, 2017年 10月

7-6 中國語文論叢 第84輯 2017年 12月 (中國語文硏究會)

권혁준	郭璞의 晉代 漢語 陰聲韻 음운체계,『中國語文論叢』, 第84輯, 서울, 中國語文硏究會, 2017年 12月
장정임	以의 문법화 과정 고찰(下) - ≪詩經≫에 나타난 용례를 바탕으로,『中國語文論叢』, 第84輯, 서울, 中國語文硏究會, 2017年 12月
蔡象麗	漢語"憤怒"情感的隱轉喩認知分析—兼及漢韓對比,『中國語文論叢』, 第84輯, 서울, 中國語文硏究會, 2017年 12月
이명아 · 한용수	중국의 ≪四十二章經≫에 나타난 불교 호칭어 분석 - 붓다와 불교 신도 호칭어를 중심으로,『中國語文論叢』, 第84輯, 서울, 中國語文硏究會, 2017年 12月
최석원	중국 소학교의 漢詩 교육과 한국의 중국어교육과의 연계성 모색,『中國語文論叢』, 第84輯, 서울, 中國語文硏究會, 2017年 12月
홍윤기	<出師表>에 나타나는 諸葛亮의 독재정치,『中國語文論叢』, 第84輯, 서울, 中國語文硏究會, 2017年 12月
강성조	在韓後三國時代以前金石文所見≪莊子≫印記述論,『中國語文論叢』, 第84輯, 서울, 中國語文硏究會, 2017年 12月
부례군	主題復現與情節圖式：≪醒世姻緣傳≫的結構詩學,『中國語文論叢』, 第84輯, 서울, 中國語文硏究會, 2017年 12月
WANG FEIYAN	<紅樓夢評論>에 나타난 王國維의 논의전개 방식과 쇼

	펜하우어의 悲劇說에 대한 수용,『中國語文論叢』, 第84輯, 서울, 中國語文硏究會, 2017年 12月
김　선	臺灣女性學者對黃金川詩的批評,『中國語文論叢』, 第84輯, 서울, 中國語文硏究會, 2017年 12月
홍지순	The Modernist Poetics of Rivers—The River (Dir. Tsai Mingliang 1997) and Dooman River (Dir. Zhang Lü 2010),『中國語文論叢』, 第84輯, 서울, 中國語文硏究會, 2017年 12月
고점복	시대의 희화화, 희극적인 것의 가치 - 範小靑의 ≪赤脚醫生萬泉和≫論,『中國語文論叢』, 第84輯, 서울, 中國語文硏究會, 2017年 12月

8-1 中國語文學 第74輯 2017年 4月 (嶺南中國語文學會)

王　寧	談漢字教育中的字理教學 - 兼談≪說文解字≫在字理教學中的作用 -,『中國語文學』, 第74輯, 대구, 嶺南中國語文學會, 2017年 4月
서용준	악부시 〈烏夜啼〉와 〈烏棲曲〉의 계승과 변화에 대한 연구 - 唐代부터를 중심으로 -,『中國語文學』, 第74輯, 대구, 嶺南中國語文學會, 2017年 4月
류소진	≪六一詩話≫의 詩歌 引用 樣相,『中國語文學』, 第74輯, 대구, 嶺南中國語文學會, 2017年 4月
서한용	『전결가(篆訣歌)』의 예변(隸變) 분석에 대한 고찰 : 자형(字形)의 합병(合倂)을 중심으로(1),『中國語文學』, 第74

	輯, 대구, 嶺南中國語文學會, 2017年 4月
김은경	蘇門詞人의 題序 특징 연구, 『中國語文學』, 第74輯, 대구, 嶺南中國語文學會, 2017年 4月
소대평	金聖嘆≪水滸傳≫批評中的龍虎意象, 『中國語文學』, 第74輯, 대구, 嶺南中國語文學會, 2017年 4月
김 영	중국 근대역사소설 ≪神州光復志演義≫의 번역본 ≪滿漢演義≫에 대한 연구, 『中國語文學』, 第74輯, 대구, 嶺南中國語文學會, 2017年 4月
양석팽	漢字造成詞語"重新分析", 『中國語文學』, 第74輯, 대구, 嶺南中國語文學會, 2017年 4月
진준화	코퍼스를 기반으로 한 '吧'의 [+추측] 의미 再考察, 『中國語文學』, 第74輯, 대구, 嶺南中國語文學會, 2017年 4月
이혜정	문말조사 "呢"의 의미고찰, 『中國語文學』, 第74輯, 대구, 嶺南中國語文學會, 2017年 4月
진 현	'수사+多+양사+명사'와 '수사+양사+多+명사'의 의미 분석, 『中國語文學』, 第74輯, 대구, 嶺南中國語文學會, 2017年 4月
오현주	중국어 불손 표현 연구, 『中國語文學』, 第74輯, 대구, 嶺南中國語文學會, 2017年 4月
박성하	현대중국어 유의어 의미구분을 위한 도식화 교수법 연구, 『中國語文學』, 第74輯, 대구, 嶺南中國語文學會, 2017年 4月

8-2 中國語文學 제75輯 2017年 8月 (嶺南中國語文學會)

우재호   두보(杜甫)의 서예관(書藝觀)과 후대(後代)의 평가(評價), 『中國語文學』, 第75輯, 대구, 嶺南中國語文學會, 2017年 8月

백광준   요내(姚鼐)의 고민 톺아보기 - '동성문파(桐城文派)'에 대한 검토 - , 『中國語文學』, 第75輯, 대구, 嶺南中國語文學會, 2017年 8月

강종임   중국 전통서사 속 과거(科擧)로 보는 사회적 보편성과 잔영(殘影), 『中國語文學』, 第75輯, 대구, 嶺南中國語文學會, 2017年 8月

권부경   關于"從來"和"從來"句, 『中國語文學』, 第75輯, 대구, 嶺南中國語文學會, 2017年 8月

맹주억·쌍용웨이   現代漢語親屬稱謂名詞的類後綴化現象分析, 『中國語文學』, 第75輯, 대구, 嶺南中國語文學會, 2017年 8月

진준화   현대중국어 허사 '吧'의 양태성, 『中國語文學』, 第75輯, 대구, 嶺南中國語文學會, 2017年 8月

이범열   현대중국어 색채 은유와 환유의 사용과 의사소통 효과에 대한 연구 - '백(白)', '흑(黑)', '홍(紅)'을 중심으로 - , 『中國語文學』, 第75輯, 대구, 嶺南中國語文學會, 2017年 8月

나 주   韓國學生漢語語篇語法銜接方式이余偏誤考察, 『中國語文學』, 第75輯, 대구, 嶺南中國語文學會, 2017年 8月

진 현   중국어문학 논문 문장 부호 오류 분석 - 따옴표, 쉼표, 낫표, 화살괄호를 중심으로 - , 『中國語文學』, 第75輯, 대구,

嶺南中國語文學會, 2017年 8月

진　평 저·박신순 역　　현대 중국어 시간 체계의 3원 구조,『中國語文學
』, 第75輯, 대구, 嶺南中國語文學會, 2017年 8月

8-3 中國語文學 제76輯 2017年 12月 (嶺南中國語文學會)

김동현　　　　　莊子의 誠論 -≪中庸≫ 誠과의 비교를 통하여 - ,『中國
語文學』, 第76輯, 대구, 嶺南中國語文學會, 2017年 12月

김이식　　　　　≪史記·衛將軍驃騎列傳≫析論,『中國語文學』, 第76
輯, 대구, 嶺南中國語文學會, 2017年 12月

류소진　　　　　丁若鏞의 시와 생활에 투영된 蘇軾,『中國語文學』, 第76
輯, 대구, 嶺南中國語文學會, 2017年 12月

LI TAO　　　　≪剪燈新話≫與≪金鰲新話≫叙事比較硏究,『中國語文
學』, 第76輯, 대구, 嶺南中國語文學會, 2017年 12月

이철근　　　　　"V着的N"及"V着的"類型與功能考察,『中國語文學』, 第
76輯, 대구, 嶺南中國語文學會, 2017年 12月

권부경　　　　　話語標記"這么說"的形成過程考察,『中國語文學』, 第76
輯, 대구, 嶺南中國語文學會, 2017年 12月

YUAN XIAOPENG　　　由克拉申'i+1'理論引發的二語習得順序啓示 -
以韓國大學初級漢語習得者爲例,『中國語文學』, 第76
輯, 대구, 嶺南中國語文學會, 2017年 12月

김은경　　　　　黃庭堅의 戲作詞 창작 태도와 그 영향,『中國語文學』,
第76輯, 대구, 嶺南中國語文學會, 2017年 12月

김지영　　　　　≪甌北詩話≫에 나타난 吳偉業과 査愼行 시 평가,『中國

語文學』, 第76輯, 대구, 嶺南中國語文學會, 2017年 12月

소대평	論≪水滸傳≫中打斗場面的描寫藝術, 『中國語文學』, 第76輯, 대구, 嶺南中國語文學會, 2017年 12月
Liu Zhen · 이석형	試論≪莊子≫之"眞"的評判標準,『中國語文學』, 第76輯, 대구, 嶺南中國語文學會, 2017年 12月
최경진	簡化字의 象形性과 詩的 心象 고찰 - 간화자 '來'와 '夾'을 중심으로,『中國語文學』, 第76輯, 대구, 嶺南中國語文學會, 2017年 12月
사위국	從三個平面看≪齊民要術≫"形容詞+動詞"結构的特徵, 『中國語文學』, 第76輯, 대구, 嶺南中國語文學會, 2017年 12月
김혜영	서양 개신교 선교사들의 중국어 성경 번역과 쉬운 문어체의 의의,『中國語文學』, 第76輯, 대구, 嶺南中國語文學會, 2017年 12月
김소정	1920년대 러시아문학의 중국적 수용과 번역 - 레오니드 안드레예프를 중심으로,『中國語文學』, 第76輯, 대구, 嶺南中國語文學會, 2017年 12月
양은정	重譯에 대한 고찰 - 錢鐘書 圍城을 중심으로,『中國語文學』, 第76輯, 대구, 嶺南中國語文學會, 2017年 12月
박계성	위대한 ≪중국, 중국인≫ : 린위탕 스타일 - 상호보완으로서의 유교와 도교 - ,『中國語文學』, 第76輯, 대구, 嶺南中國語文學會, 2017年 12月
이태형	≪碧鷄漫志≫ 譯註(1),『中國語文學』, 第76輯, 대구, 嶺南中國語文學會, 2017年 12月

9-1 中國語文學論集 第102號 2017年 2月 (中國語文學研究會)

任祉泳	花園莊東地甲骨文에 보이는 商代의 疾病,『中國語文學論集』, 第102號, 서울, 中國語文學研究會, 2017年 2月
梁誠義	『급취편』제물장의 육서와 부수 고찰,『中國語文學論集』, 第102號, 서울, 中國語文學研究會, 2017年 2月
成耆恩	중한 동작분류사의 주관성 비교 연구,『中國語文學論集』, 第102號, 서울, 中國語文學研究會, 2017年 2月
申惠仁	현대중국어 '到家' 및 'V/A到家' 구조 고찰,『中國語文學論集』, 第102號, 서울, 中國語文學研究會, 2017年 2月
秦華鎭	중국어 형용사 서술어문의 사건문과 비사건문,『中國語文學論集』, 第102號, 서울, 中國語文學研究會, 2017年 2月
李恩京	제안의 '要不'와 '還是'의 의미차이에 대한 인지적 설명,『中國語文學論集』, 第102號, 서울, 中國語文學研究會, 2017年 2月
焦彭琰	表"不間斷"義詞彙的認知理據差異,『中國語文學論集』, 第102號, 서울, 中國語文學研究會, 2017年 2月
金原希	'원형적 초래구문'에 대한 고찰,『中國語文學論集』, 第102號, 서울, 中國語文學研究會, 2017年 2月
甘瑞瑗 · 劉繼紅	漢語教師的跨文化意識與文化傳播,『中國語文學論集』, 第102號, 서울, 中國語文學研究會, 2017年 2月
文貞惠	텍스트 범주에 기초한 현대중국어문법교육 小考,『中國語文學論集』, 第102號, 서울, 中國語文學研究會, 2017年 2月

金珍我   淺析文學飜譯的補償原則,『中國語文學論集』, 第102號, 서울, 中國語文學研究會, 2017年 2月

金鉉哲 · 李京珍 · 金主希 · 李有眞   중국어 교육현황 조사 및 분석 연구,『中國語文學論集』, 第102號, 서울, 中國語文學研究會, 2017年 2月

全恩淑   明末淸初 소설의 여성인물 형상 變奏와 문화적 배경,『中國語文學論集』, 第102號, 서울, 中國語文學研究會, 2017年 2月

趙旻祐   張曜孫『續紅樓夢』중 "歲寒樓"와 秋史 金正喜,『中國語文學論集』, 第102號, 서울, 中國語文學研究會, 2017年 2月

高光敏   韓愈〈張中丞傳後敍〉의 후대 수용 연구,『中國語文學論集』, 第102號, 서울, 中國語文學研究會, 2017年 2月

金善子   중국 윈난성 소수민족의 '곡혼穀魂' 신화와 머리사냥(獵頭) 제의에 관한 고찰,『中國語文學論集』, 第102號, 서울, 中國語文學研究會, 2017年 2月

宋東盈   중국신화학에서 유가의 위상과 전용(轉用),『中國語文學論集』, 第102號, 서울, 中國語文學研究會, 2017年 2月

李有鎭   대전통 · 소전통 담론의 전복인가, 변주인가?,『中國語文學論集』, 第102號, 서울, 中國語文學研究會, 2017年 2月

崔昌源   王鏊〈海蝦圖〉詩之背景, 淺釋及初考,『中國語文學論集』, 第102號, 서울, 中國語文學研究會, 2017年 2月

9-2 中國語文學論集 第103號 2017年 4月 (中國語文學研究會)

金南芝 · 嚴翼相　『訓蒙字會』한자음으로 본 重紐에 관한 쟁점,『中國語文學論集』, 第103號, 서울, 中國語文學研究會, 2017年 4月

胡珂菲　量詞重疊式"個個"的三個平面硏究及偏誤分析,『中國語文學論集』, 第103號, 서울, 中國語文學研究會, 2017年 4月

金鉉哲 · 張進凱　'V/A+得+一+Nm+X' 구문 중 'Nm'의 인지적 연구,『中國語文學論集』, 第103號, 서울, 中國語文學研究會, 2017年 4月

李鏡淑　'賓語를 대동한 動詞被字句'를 형성하는 條件과 이에 부합하는 賓語類型,『中國語文學論集』, 第103號, 서울, 中國語文學研究會, 2017年 4月

채예령　'결속이론'에서의 '지시표현'과 '목적절' 關係考察,『中國語文學論集』, 第103號, 서울, 中國語文學研究會, 2017年 4月

김진희　중국어 관용어 어휘소재(語彙素材)의 계량적 분석,『中國語文學論集』, 第103號, 서울, 中國語文學研究會, 2017年 4月

鄭賢愛　말뭉치 자료 분석을 통한 방위사 '中'의 탐색,『中國語文學論集』, 第103號, 서울, 中國語文學研究會, 2017年 4月

朴應哲　현대중국어 요가텍스트의 인지적 분석,『中國語文學論集』, 第103號, 서울, 中國語文學研究會, 2017年 4月

全基廷　중한 대등접속의 대조분석,『中國語文學論集』, 第103號, 서울, 中國語文學研究會, 2017年 4月

侯曉丹·金鉉哲	한·중 소량표현 '조금'과 '一點兒'의 대응양상연구,『中國語文學論集』, 第103號, 서울, 中國語文學研究會, 2017年 4月
李娜賢	학부 순차통역 수업 모형 제안,『中國語文學論集』, 第103號, 서울, 中國語文學研究會, 2017年 4月
윤석우	李白의 詩에 나타난 劍 이미지 小考,『中國語文學論集』, 第103號, 서울, 中國語文學研究會, 2017年 4月
李銀珍	亂世속 治世의 記錄,『中國語文學論集』, 第103號, 서울, 中國語文學研究會, 2017年 4月
尹銀雪	잡극『紅梨花』와『西廂記』의 서사 변용과 무대성 고찰,『中國語文學論集』, 第103號, 서울, 中國語文學研究會, 2017年 4月
金長煥	古今의 名物에 대한 考證,『中國語文學論集』, 第103號, 서울, 中國語文學研究會, 2017年 4月
朴昭賢	새로운 중국문학사를 위한 제언,『中國語文學論集』, 第103號, 서울, 中國語文學研究會, 2017年 4月

9-3 中國語文學論集 第104號 2017年 6月 (中國語文學研究會)

金鉉哲·權順子	의미지도 모형을 통한 부사 '也'의 의미 연구,『中國語文學論集』, 第104號, 서울, 中國語文學研究會, 2017年 6月
劉亞非	중국어 '會'의 기능분화에 대한 유형론적 고찰,『中國語文學論集』, 第104號, 서울, 中國語文學研究會, 2017年 6月
焦彭琰	성별 어휘 '男X/女X'에 대한 의미 연구,『中國語文學論集

	』, 第104號, 서울, 中國語文學硏究會, 2017年 6月
金雅瑛	일제강점기 中國語會話書『無師速修滿洲語大王』소고, 『中國語文學論集』, 第104號, 서울, 中國語文學硏究會, 2017年 6月
朴贊旭	블렌디드 방식의 중국어 회화수업에 대한 재고, 『中國語文學論集』, 第104號, 서울, 中國語文學硏究會, 2017年 6月
金鉉哲 · 金原希	'N1+使+N2+V1+(N3)'구문의 '피초래상황'에 대한 연구, 『中國語文學論集』, 第104號, 서울, 中國語文學硏究會, 2017年 6月
李康範 · 黃瑄愛	『色 ｜ 戒』로 본 張愛玲의 親日문제, 『中國語文學論集』, 第104號, 서울, 中國語文學硏究會, 2017年 6月
金智英	절망의 시대를 노래한 吳偉業시 연구, 『中國語文學論集』, 第104號, 서울, 中國語文學硏究會, 2017年 6月
鄭宣景	신선설화를 읽는 방법, 『中國語文學論集』, 第104號, 서울, 中國語文學硏究會, 2017年 6月
金長煥	顔之推『冤魂志』輯校 硏究, 『中國語文學論集』, 第104號, 서울, 中國語文學硏究會, 2017年 6月

9-4 中國語文學論集 第105號 2017年 8月 (中國語文學硏究會)

李鏡淑	文字 訓詁의 視覺에서 본 '簡體字表'에서 명시한 주의할 사항에 대한 소고, 『中國語文學論集』, 第105號, 서울, 中國語文學硏究會, 2017年 8月
顔玉君 · 朴敏浚	常用詞 "甘", "話"歷時演變與興替硏究, 『中國語文學論

	集』, 第105號, 서울, 中國語文學硏究會, 2017年 8月
金廷恩	한·중 이인칭 대명사 '너'와 '你'의 통사·의미 특징 대조 분석, 『中國語文學論集』, 第105號, 서울, 中國語文學硏究會, 2017年 8月
孫美莉	試論韓語母語者漢語普通名詞的缺失偏誤及其判定, 『中國語文學論集』, 第105號, 서울, 中國語文學硏究會, 2017年 8月
胡珂菲	現代漢語"你個NP"結構的硏究, 『中國語文學論集』, 第105號, 서울, 中國語文學硏究會, 2017年 8月
崔宰榮·姜 夢	漢語難易結構與難易謂詞硏究, 『中國語文學論集』, 第105號, 서울, 中國語文學硏究會, 2017年 8月
孟春玲	基於教學評價的水原大學教養必修漢語課教學實態考察, 『中國語文學論集』, 第105號, 서울, 中國語文學硏究會, 2017年 8月
朴富慶	鄭板橋의 寫竹論 硏究, 『中國語文學論集』, 第105號, 서울, 中國語文學硏究會, 2017年 8月
朴炫坤	『三俠五義』 삽입식 서사구조의 특징과 설정된 원인, 『中國語文學論集』, 第105號, 서울, 中國語文學硏究會, 2017年 8月
王 楠	網絡玄幻小說『三生三世十里桃花』的時空敍事硏究, 『中國語文學論集』, 第105號, 서울, 中國語文學硏究會, 2017年 8月
洪允姬	타이완 아타얄(Atayal) 족 머리사냥 설화와 의례, 그리고 그 종결, 『中國語文學論集』, 第105號, 서울, 中國語文學

研究會, 2017年 8月

安 仁　　　　唐代 曲江文化의 문화코드 고찰,『中國語文學論集』, 第
　　　　　　105號, 서울, 中國語文學硏究會, 2017年 8月

9-5 中國語文學論集 第106號 2017年 10月 (中國語文學硏究會)

金愛英　　　　高麗本音義書에 引用된『玉篇』考察,『中國語文學論集
　　　　　　』, 第106號, 서울, 中國語文學硏究會, 2017年 10月

朴賢珠　　　　갑골문에서 본의와 인신의, 가차의 고찰,『中國語文學論
　　　　　　集』, 第106號, 서울, 中國語文學硏究會, 2017年 10月

張學城·薄迎迎　《楚辭疏》訓詁硏究,『中國語文學論集』, 第106號, 서
　　　　　　울, 中國語文學硏究會, 2017年 10月

劉 娜　　　　現代漢語"個"的特殊用法及語法化硏究, 『中國語文學
　　　　　　論集』, 第106號, 서울, 中國語文學硏究會, 2017年 10月

朴應晳　　　　현대중국어 방위 '前後左右'의 확정기제에 대한 인지적 분
　　　　　　석,『中國語文學論集』, 第106號, 서울, 中國語文學硏究
　　　　　　會, 2017年 10月

朴敏浚·袁毓林　漢語反事實條件句的形態特徵,『中國語文學論集』, 第
　　　　　　106號, 서울, 中國語文學硏究會, 2017年 10月

林娟廷　　　　탄뎀학습법을 활용한 활동식 중국어교육의 문제점 및 발
　　　　　　전방향에 관한 질적 연구,『中國語文學論集』, 第106號,
　　　　　　서울, 中國語文學硏究會, 2017年 10月

金兌垠·李知恩　현행 대학교육의 교직이수과목에 대한 고찰,『中國語文
　　　　　　學論集』, 第106號, 서울, 中國語文學硏究會, 2017年 10月

金宜貞	명말 청초 여성 시인들의 교류시,『中國語文學論集』, 第106號, 서울, 中國語文學硏究會, 2017年 10月
金智英	錢謙益 詩 연구,『中國語文學論集』, 第106號, 서울, 中國語文學硏究會, 2017年 10月
任元彬	溫庭筠의 禪詩 硏究,『中國語文學論集』, 第106號, 서울, 中國語文學硏究會, 2017年 10月
金 瑛	명대 백화단편소설「李謫仙醉草嚇蠻書」번역필사본에 대한 고찰,『中國語文學論集』, 第106號, 서울, 中國語文學硏究會, 2017年 10月
河炅心	계승과 변화, 다양성과 가능성,『中國語文學論集』, 第106號, 서울, 中國語文學硏究會, 2017年 10月
金善子	중국 黃帝 신화와 의례의 상관성에 관한 연구,『中國語文學論集』, 第106號, 서울, 中國語文學硏究會, 2017年 10月
李碩九	≪山海經≫象徵結構硏究方法考察,『中國語文學論集』, 第106號, 서울, 中國語文學硏究會, 2017年 10月
吳台錫	데이비드 봄 양자론 '숨은변수이론'의 인문학적 검토,『中國語文學論集』, 第106號, 서울, 中國語文學硏究會, 2017年 10月

9-6 中國語文學論集 第107號 2017年 12月 (中國語文學硏究會)

김은희	일반 언어학의 한자에 대한 이해와 문제점,『中國語文學論集』, 第107號, 서울, 中國語文學硏究會, 2017年 12月
최동표	'簡易俗成化' 簡化字의 音轉 현상 연구,『中國語文學論

	集』, 第107號, 서울, 中國語文學硏究會, 2017年 12月
정주영	先秦시기 문헌에 출현한 접속사 '而'에 대한 소고 - 詩經, 左傳, 論語를 중심으로,『中國語文學論集』, 第107號, 서울, 中國語文學硏究會, 2017年 12月
후문옥 · 김현철	현대중국어 주관소량 구문 'X不到哪裡去'에 대한 연구,『中國語文學論集』, 第107號, 서울, 中國語文學硏究會, 2017年 12月
유 운	現代漢語"把/被…給"的語義疊加及句法形成機制考察,『中國語文學論集』, 第107號, 서울, 中國語文學硏究會, 2017年 12月
권순자	현대중국어 'X勁兒'구문 연구,『中國語文學論集』, 第107號, 서울, 中國語文學硏究會, 2017年 12月
문유미	현대중국어 'V 個 X'구문에서 '個'의 語法化 연구,『中國語文學論集』, 第107號, 서울, 中國語文學硏究會, 2017年 12月
김승현	"是…的"(2)구문의 화용적 특징과 교육,『中國語文學論集』, 第107號, 서울, 中國語文學硏究會, 2017年 12月
주욱화	數文化與漢語數詞對稱成語,『中國語文學論集』, 第107號, 서울, 中國語文學硏究會, 2017年 12月
밍양양 · 김현철	現代漢語"好好兒+V"和韓語"잘+V"語義對比硏究,『中國語文學論集』, 第107號, 서울, 中國語文學硏究會, 2017年 12月
최재영	한중/중한 번역 교육에서 유행어의 처리 문제,『中國語文學論集』, 第107號, 서울, 中國語文學硏究會, 2017年 12月

| 이강범 · 권익호 | 滿洲國의 '國語敎育'政策 - '新學制' 시행을 중심으로, 『中國語文學論集』, 第107號, 서울, 中國語文學硏究會, 2017年 12月 |

이강범 · 권익호　滿洲國의 '國語敎育'政策 - '新學制' 시행을 중심으로, 『中國語文學論集』, 第107號, 서울, 中國語文學硏究會, 2017年 12月

김선자　중국 소수민족 신화 속 영웅의 형상 - 이족의 즈거아루(支格阿魯)를 중심으로, 『中國語文學論集』, 第107號, 서울, 中國語文學硏究會, 2017年 12月

박부경　鄭板橋의 破格書 硏究 - 六分半書를 중심으로, 『中國語文學論集』, 第107號, 서울, 中國語文學硏究會, 2017年 12月

정부생 · 왕문연　蘇曼殊書信硏究, 『中國語文學論集』, 第107號, 서울, 中國語文學硏究會, 2017年 12月

황선주　한국본 찬주분류두시(纂註分類杜詩)의 제 판본, 『中國語文學論集』, 第107號, 서울, 中國語文學硏究會, 2017年 12月

김소영　중국 출판사들의 그룹화 현상 연구 - 창장(長江)출판그룹을 중심으로, 『中國語文學論集』, 第107號, 서울, 中國語文學硏究會, 2017年 12月

10-1 中國語文學志 第58輯 2017年 4月 (中國語文學會)

김수희　명대(明代) 심의수(沈宜修) 사(詞)로 본 여성사의 효용성, 『中國語文學志』, 第58輯, 서울, 中國語文學會, 2017年 4月

강재인 · 권호종　≪삼국연의(三國演義)≫시가(詩歌) 편입과정(編入過程) 연구(硏究), 『中國語文學志』, 第58輯, 서울, 中國語文學

會, 2017年 4月

민경욱   진인각(陳寅恪)과의 영향 관계로 본 여영시(余英時)의 학
          문 세계 - ≪朱熹的歷史世界)≫의 학술사적 계보 탐색을
          중심으로, 『中國語文學志』, 第58輯, 서울, 中國語文學
          會, 2017年 4月

김정수   타이완 사회의 부조리를 고발하다 - 타이완영화 ≪너 없인
          못 살아≫를 중심으로, 『中國語文學志』, 第58輯, 서울,
          中國語文學會, 2017年 4月

홍연옥   문자로 본 중국인의 질병관 - ≪설문해자(說文解字)≫ '녁
          (疒)'부 분석을 중심으로, 『中國語文學志』, 第58輯, 서울,
          中國語文學會, 2017年 4月

문준혜   ≪육서경위(六書經緯)≫의 문자학적 가치에 대한 연구, 『
          中國語文學志』, 第58輯, 서울, 中國語文學會, 2017年 4月

김미순   특수조사 '~도'의 중국어 복문 대응 표현에 관한 의미·화
          용론적 고찰, 『中國語文學志』, 第58輯, 서울, 中國語文
          學會, 2017年 4月

이나현   중국어 강독 수업 모형 제안 및 적용 사례 - 토론식 수업을
          중심으로, 『中國語文學志』, 第58輯, 서울, 中國語文學
          會, 2017年 4月

10-2 中國語文學志 第59輯 2017年 6月 (中國語文學會)

이주해   자식에게 주는 아버지의 글 - 경험과 기록, 『中國語文學
          志』, 第59輯, 서울, 中國語文學會, 2017年 6月

김준석	산도(山濤) 정치태도의 재조명 - 혜강(嵇康) 부자의 비극을 중심으로, 『中國語文學志』, 第59輯, 서울, 中國語文學會, 2017年 6月
김민나	유협(劉勰) 부론(賦論)의 특징과 의의 고찰 - 부(賦)에 대한 새로운 인식과 평론을 기대하며, 『中國語文學志』, 第59輯, 서울, 中國語文學會, 2017年 6月
제해성	≪문장정종(文章正宗)≫의 편찬체제(編纂體制)와 진덕수(眞德秀) 문체론(文體論)의 독창성(獨創性) 연구(研究), 『中國語文學志』, 第59輯, 서울, 中國語文學會, 2017年 6月
이주현	원굉도(袁宏道)의 자아 찾기, '한적(閑適)'의 추구와 실천, 『中國語文學志』, 第59輯, 서울, 中國語文學會, 2017年 6月
봉인영	딩링의 '위안부' 서사, 타자화된 감정과 여성 임파워먼트, 『中國語文學志』, 第59輯, 서울, 中國語文學會, 2017年 6月
김미란	모옌(莫言) 문학의 생명의식과 모성, 그리고 비판성 - ≪개구리(蝸)≫와 ≪풍유비둔(豊乳肥臀)≫을 중심으로, 『中國語文學志』, 第59輯, 서울, 中國語文學會, 2017年 6月
홍현지	≪합병자학집운(合倂字學集韻)≫과 ≪번역박통사(飜譯朴通事)≫의 운모체계(韻母體系) 대조 고찰, 『中國語文學志』, 第59輯, 서울, 中國語文學會, 2017年 6月
구현아	청말(淸末) 민초(民初) 북경화(北京話) 입성자(入聲字)의 연변(演變) 연구, 『中國語文學志』, 第59輯, 서울, 中國語文學會, 2017年 6月
박은석	현대 표준 중국어의 술보형 사동 연속체 - 허사격리술보형

	사동, 목적어격리술보형 사동, 비분리술보형 사동 연구, 『中國語文學志』, 第59輯, 서울, 中國語文學會, 2017年 6月
조은경	현대 중국어 연동문에서의 완료상 표지 '了'에 대한 고찰, 『中國語文學志』, 第59輯, 서울, 中國語文學會, 2017年 6月
팽 정	"S+對+O+VP"結構類型分析, 『中國語文學志』, 第59輯, 서울, 中國語文學會, 2017年 6月

10-3 中國語文學志 第60輯 2017年 9月 (中國語文學會)

박영희	여성 젠더(gender)적 시각으로 본 ≪詩集傳≫ 〈國風〉 註 釋의 논리구조와 서술기법 - 〈詩序〉와의 비교를 중심으 로 -, 『中國語文學志』, 第60輯, 서울, 中國語文學會, 2017年 9月
염정삼	정치적 수사의 완성작, 〈兩都賦〉 - 洛邑을 노래하여 예의 를 설득하다 -, 『中國語文學志』, 第60輯, 서울, 中國語 文學會, 2017年 9月
노우정	杜甫 詩의 '食'의 기능과 의미, 『中國語文學志』, 第60輯, 서울, 中國語文學會, 2017年 9月
류소진	조선 문인 徐居正의 생활 속에 투영된 蘇軾, 『中國語文 學志』, 第60輯, 서울, 中國語文學會, 2017年 9月
최정섭	解經과 解字 - 프레마르 ≪六書實義≫를 통해 본 예수회 의 中國 專有, 『中國語文學志』, 第60輯, 서울, 中國語文 學會, 2017年 9月
신지영	淸代 光緒 年間 宮廷演劇의 새로운 공연 면모 연구, 『中

	國語文學志』, 第60輯, 서울, 中國語文學會, 2017年 9月
안승웅	沈從文의 여성관과 소설 창작 - 소설 창작과정을 통해 본 沈從文의 여신숭배 여성관 - ,『中國語文學志』, 第60輯, 서울, 中國語文學會, 2017年 9月
정성은	童話의 悲劇 - 朦朧派 시인 꾸청(顧城) 시 解讀,『中國語文學志』, 第60輯, 서울, 中國語文學會, 2017年 9月
이정훈	자장커(賈樟柯) 영화의 궤적과 ≪天注定≫의 새로운 시도,『中國語文學志』, 第60輯, 서울, 中國語文學會, 2017年 9月
리웨이웨이 · 장태원	出土文獻≪論語≫經文異文的文字學的考察,『中國語文學志』, 第60輯, 서울, 中國語文學會, 2017年 9月
주기하	副詞'却'的語法化与語義功能研究, 『中國語文學志』, 第60輯, 서울, 中國語文學會, 2017年 9月
박덕준	접속사유의어 '不過, 就是, 只是' 연구,『中國語文學志』, 第60輯, 서울, 中國語文學會, 2017年 9月
심상순	거울메커니즘의 관점에서 본 중국어 조어법 - 감각어를 중심으로,『中國語文學志』, 第60輯, 서울, 中國語文學會, 2017年 9月

10 - 4 中國語文學志 第61輯 2017年 12月 (中國語文學會)

咸恩仙	話本小說中的杭州節慶習俗,『中國語文學志』, 第61輯, 서울, 中國語文學會, 2017年 12月
김의정	명말 청초 여성 시인의 화훼시(花卉詩) - 이인(李因)을 중

심으로,『中國語文學志』, 第61輯, 서울, 中國語文學會, 2017年 12月

양선혜   묘선전설(妙善傳說)의 소설화(小說化)에 대한 고찰-≪
남해관세음보살출신수행전(南海觀世音菩薩出身修行
傳)≫을 중심으로,『中國語文學志』, 第61輯, 서울, 中國
語文學會, 2017年 12月

朴永煥   魯認≪錦溪日記≫裏的交游詩考,『中國語文學志』, 第
61輯, 서울, 中國語文學會, 2017年 12月

함영은   자제서(子弟書)의 창작과 전승에 대한 고찰,『中國語文
學志』, 第61輯, 서울, 中國語文學會, 2017年 12月

봉인영   Contesting the Regime of the Red : he Rhetoric of Love
and the Cultural Revolution in Under the Hawthorn Tree,
『中國語文學志』, 第61輯, 서울, 中國語文學會, 2017年
12月

이 경   출토문헌(出土文獻)에 보이는 질병명 '癘'고찰,『中國語
文學志』, 第61輯, 서울, 中國語文學會, 2017年 12月

이나현   현대중국어 'A一點兒+V와 'V+A一點兒' 명령문 대조,『中
國語文學志』, 第61輯, 서울, 中國語文學會, 2017年 12月

홍연옥   중국어 3인칭대명사의 변화와 유형학적 의미,『中國語文
學志』, 第61輯, 서울, 中國語文學會, 2017年 12月

金鐘讚   "繼續"動詞副詞兼類說異議,『中國語文學志』, 第61輯,
서울, 中國語文學會, 2017年 12月

여인우·김석영   고등학교 중국어 지필평가의 문항 타당도에 대한 연구-
직접평가 요소에 따른 차이를 바탕으로,『中國語文學志

』, 第61輯, 서울, 中國語文學會, 2017年 12月

유수경   중한 번역 오류의 특징 고찰 및 유형 분류 - 신문보도문 분석을 기반으로, 『中國語文學志』, 第61輯, 서울, 中國 語文學會, 2017年 12月

11-1 中國言語研究 第68輯 2017年 2月 (韓國中國言語學會)

曲曉雲   ≪四聲通解≫『東董送屋』韻所引≪蒙古韻略≫考, 『中 國言語研究』, 第68輯, 서울, 韓國中國言語學會, 2017年 2月

이은경   '能不能VP'와 '能VP嗎'의 의미 차이 - 화행과 한국어 대응 형식 고찰, 『中國言語研究』, 第68輯, 서울, 韓國中國言 語學會, 2017年 2月

李恩京   제안의 '要不'와 '還是'의 의미차이에 대한 인지적 설명, 『 中國語文學論集』, 第102號, 서울, 中國語文學研究會, 2017年 2月

이운재   인지언어학에 접근한 '장소구문'의 의미 기능 연구, 『中國 言語研究』, 第68輯, 서울, 韓國中國言語學會, 2017年 2月

이쌍검·남양우   論漢語介詞句否定式的无標記否定焦點, 『中國言語研 究』, 第68輯, 서울, 韓國中國言語學會, 2017年 2月

백은희   유형학적 관점에서 본 고대 중국어 관계절의 어순과 기능 특징 - '소(所)' 관계절과 '자(者)' 관계절을 대상으로 -, 『 中國言語研究』, 第68輯, 서울, 韓國中國言語學會, 2017年 2月

조은정   상고중국어 시기 근지대사(近指代詞)용법과 그 변천 연구,『中國言語硏究』, 第68輯, 서울, 韓國中國言語學會, 2017年 2月

문정혜   텍스트 범주에서의 중국어 작문 교육 고찰(考察) - 제2 언어에서의 중,고급 중국어 작문교육을 중심으로,『中國言語硏究』, 第68輯, 서울, 韓國中國言語學會, 2017年 2月

송지현   그림과 낙서를 활용한 중국어 교육,『中國言語硏究』, 第68輯, 서울, 韓國中國言語學會, 2017年 2月

민재홍   현대 중국어 겸어문 변별과 겸어문 오류 원인 분석,『中國言語硏究』, 第68輯, 서울, 韓國中國言語學會, 2017年 2月

임재민   언어와 문화 통합교육에 대한 예비 중국어 교사의 인식 연구,『中國言語硏究』, 第68輯, 서울, 韓國中國言語學會, 2017年 2月

홍연옥   중국어 대동사 '농(弄)'의 의미기능 연구 - 대동사 '고(搞)'와의 비교를 중심으로 - ,『中國言語硏究』, 第68輯, 서울, 韓國中國言語學會, 2017年 2月

11-2 中國言語硏究 第69輯 2017年 4月 (韓國中國言語學會)

신우선   고유어 속에 혼재하는 한자어 고찰 - 본자(本字) 연구법 및 그 적용을 중심으로,『中國言語硏究』, 第69輯, 서울, 韓國中國言語學會, 2017年 4月

이지영   실전(失傳)된 곽이(郭迻)『신정일절경류음(新定一切經類音)』의 복원 연구,『中國言語硏究』, 第69輯, 서울, 韓

國中國言語學會, 2017年 4月

왕보하·초　패　　論中國網絡四字格新詞形成中的認知机制,『中國言語研究』, 第69輯, 서울, 韓國中國言語學會, 2017年 4月

초육매　　　　　量詞"隻"對名詞性成分的選擇及其系源研究,『中國言語研究』, 第69輯, 서울, 韓國中國言語學會, 2017年 4月

이지현·이창호　현대 중국어 배치/창조 의미 존재 동사 NP 목적어의 한정성 비교 분석,『中國言語研究』, 第69輯, 서울, 韓國中國言語學會, 2017年 4月

장진개·구경숙　'V/A+得+全+Nm+X'의 중 Nm의 분류 와 '全'의 중 Nm의 분류와 '全'의 의미,『中國言語研究』, 第69輯, 서울, 韓國中國言語學會, 2017年 4月

김선희·림문연　중국어 대칭구문의 의미구조 연구 - 구문 교체 양상을 중심으로 -,『中國言語研究』, 第69輯, 서울, 韓國中國言語學會, 2017年 4月

임춘매　　　　　중국어 동사 '타(打)'의 의미 분석,『中國言語研究』, 第69輯, 서울, 韓國中國言語學會, 2017年 4月

사위국　　　　　從"V_1不V_2"連謂結構的存在特征看其來源與發展,『中國言語研究』, 第69輯, 서울, 韓國中國言語學會, 2017年 4月

邢　軍·양만기　漢語與漢字的獨特關系及在漢語敎學中的應用,『中國言語研究』, 第69輯, 서울, 韓國中國言語學會, 2017年 4月

한희창　　　　　정반의문문의 특징과 교육에 관하여,『中國言語研究』, 第69輯, 서울, 韓國中國言語學會, 2017年 4月

강선주　　　　　漢語方言中的使役動詞"盡"和"等"初探,『中國言語研究

　』, 第69輯, 서울, 韓國中國言語學會, 2017年 4月

김원희　　　'원형적 초래구문'의 '초래자' 의미요소의 개념화 현상, 『中
　　　　　　國言語硏究』, 第69輯, 서울, 韓國中國言語學會, 2017年
　　　　　　4月

이효영　　　딕토글로스 활동이 중국어 학습자의 중국어 능력 및 학습
　　　　　　태도에 미치는 효과 연구 - 학습자 수준에 따른 비교 중심
　　　　　　으로, 『中國言語硏究』, 第69輯, 서울, 韓國中國言語學
　　　　　　會, 2017年 4月

감나래 · 김석영 · 손남호 · 신원철 · 이강재 · 이연숙 · 이미경 중국 출판 현대
　　　　　　중국어 교재의 시기별 현황과 특징 연구, 『中國言語硏究
　　　　　　』, 第69輯, 서울, 韓國中國言語學會, 2017年 4月

11-3 中國言語硏究 第70輯 2017年 6月 (韓國中國言語學會)

Qiu Chong　現代漢語話語標記"行了", 『中國言語硏究』, 第70輯, 서
　　　　　　울, 韓國中國言語學會, 2017年 6月

신우선　　　'以'의 의미 파생 및 문법화, 『中國言語硏究』, 第70輯, 서
　　　　　　울, 韓國中國言語學會, 2017年 6月

최신혜　　　表達屬性義的(很)【有+N】結構硏究, 『中國言語硏究』,
　　　　　　第70輯, 서울, 韓國中國言語學會, 2017年 6月

김현철 · 장진개　현대중국어 'V/A+得+一+Nm+X' 구문의 하위분류와 '一'의
　　　　　　의미 분석, 『中國言語硏究』, 第70輯, 서울, 韓國中國言
　　　　　　語學會, 2017年 6月

박성하　　　현대중국어에서 '가능성(possibility)'을 나타내는 양태조동

사의 오류분석 및 교학 방안 연구,『中國言語研究』, 第70
輯, 서울, 韓國中國言語學會, 2017年 6月

정인정   사실조건을 나타내는 '如果說p, (那麼)q'의 의미기능 - 인
식/화행 영역에서의 용법을 중심으로,『中國言語研究』,
第70輯, 서울, 韓國中國言語學會, 2017年 6月

LIU YAFEI   '會'와 중국어 습관상 범주에 관한 연구,『中國言語研究』,
第70輯, 서울, 韓國中國言語學會, 2017年 6月

Cai Xiangli · 郭途炫   從語法化看夏合動趨結構的性質 - 兼談對應的
韓語表達,『中國言語研究』, 第70輯, 서울, 韓國中國言
語學會, 2017年 6月

SHAOMENG SONG   現代漢語副詞和句尾"了"共現的條件及限制,『
中國言語研究』, 第70輯, 서울, 韓國中國言語學會, 2017
年 6月

11 - 4 中國言語研究 第71輯 2017年 8月 (韓國中國言語學會)

김준수   상고 중국어에 보이는 모음(母音) 교체(交替)(ablaut)를
통한 어휘 파생 현상에 대한 소고(小考),『中國言語研究
』, 第71輯, 서울, 韓國中國言語學會, 2017年 8月

장 용   '태(台)(대(臺))'자(字)로 구성된 중국 지명의 한자음(漢字
音) 표기고(考),『中國言語研究』, 第71輯, 서울, 韓國中
國言語學會, 2017年 8月

한서영   한국인 고급 학습자의 중국어 연구개 마찰음 발음에 대한
사례연구,『中國言語研究』, 第71輯, 서울, 韓國中國言

	語學會, 2017年 8月
정성임	古代漢語 '表敬' 어휘의 詞性에 관하여 – 副詞에 귀속시켜 온 어휘를 중심으로 – , 『中國言語研究』, 第71輯, 서울, 韓國中國言語學會, 2017年 8月
박정구·강병규·유수경	언어유형론적 관점에 입각한 기점 표시 부치사의 의미지도 연구 – 중국어 방언 분석을 중심으로, 『中國言語研究』, 第71輯, 서울, 韓國中國言語學會, 2017年 8月
최지영	공손전략의 중국어 아부표현 연구, 『中國言語研究』, 第71輯, 서울, 韓國中國言語學會, 2017年 8月
김종호·강희명	현대중국어 화제의 두 위치 해석, 『中國言語研究』, 第71輯, 서울, 韓國中國言語學會, 2017年 8月
구경숙·장진개	'V/A+得+全+Nm+X'구문의 하위분류와 '全'의 '배경선정'기능 연구, 『中國言語研究』, 第71輯, 서울, 韓國中國言語學會, 2017年 8月
황후남	基于事件意義理論的"給"字語義分析, 『中國言語研究』, 第71輯, 서울, 韓國中國言語學會, 2017年 8月
박정원	제4차 산업혁명시대 중국어 정보 데이터 시각화와 서비스 플랫폼, 『中國言語研究』, 第71輯, 서울, 韓國中國言語學會, 2017年 8月

11 – 5 中國言語研究 제72輯 2017年 10月 (韓國中國言語學會)

김준수	상고 중국어에 보이는 -ps > -ts 현상 및 그와 관련된 몇 가지 例에 관한 小考, 『中國言語研究』, 第72輯, 서울, 韓

國中國言語學會, 2017年 10月

이명아 · 한용수   『金剛經』에 나타난 중국어 붓다(Buddha) 호칭어의 화용
론적 특징, 『中國言語硏究』, 第72輯, 서울, 韓國中國言
語學會, 2017年 10月

박신순   ‘正’의 진행의미 재고 - ‘在’와의 비교를 통하여, 『中國言語
硏究』, 第72輯, 서울, 韓國中國言語學會, 2017年 10月

사 례   NSM에 기반한 한 · 중 分離동사의 의미 분석 - ‘찢다’/‘뜯
다’와 ‘撕’의 대조를 중심으로 - , 『中國言語硏究』, 第72
輯, 서울, 韓國中國言語學會, 2017年 10月

김현주   현대중국어 시량보어와 목적어 어순제약의 화용 · 인지적
원인 연구 - “我學了漢語一年”과 “我等了三天他”의 오류
원인 분석을 중심으로 - , 『中國言語硏究』, 第72輯, 서울,
韓國中國言語學會, 2017年 10月

고영란   ‘可X’형 형용사의 유형과 형용사성 분석, 『中國言語硏究
』, 第72輯, 서울, 韓國中國言語學會, 2017年 10月

림문연   이동동사로 실현되는 ‘-로’구문의 중국어 대응형식 연구 -
의미구조의 통사적 구현을 중심으로 - , 『中國言語硏究』,
第72輯, 서울, 韓國中國言語學會, 2017年 10月

사위국   從三個平面看≪齊民要術≫連謂結構的特徵, 『中國言
語硏究』, 第72輯, 서울, 韓國中國言語學會, 2017年 10月

SHAOMENG SONG   現代漢語語氣副詞的分布與句子信息結構的關
系探討, 『中國言語硏究』, 第72輯, 서울, 韓國中國言語
學會, 2017年 10月

Jiang Meng · 최재영   情態助動詞“難”的語法化硏究, 『中國言語硏究

　　　　　　　　　』, 第72輯, 서울, 韓國中國言語學會, 2017年 10月

박향란　　　　　중국어 관계절의 유형 변천,『中國言語硏究』, 第72輯, 서
　　　　　　　　　울, 韓國中國言語學會, 2017年 10月

한　승　　　　　'씻다'류 동사 '沐', '浴', '洗', '盥', '澡'의 역사적 변천과정,
　　　　　　　　　『中國言語硏究』, 第72輯, 서울, 韓國中國言語學會,
　　　　　　　　　2017年 10月

한희창　　　　　기초 중국어 교양 수업의 효과적인 운영을 위한 학습자정
　　　　　　　　　보 파악에 관하여,『中國言語硏究』, 第72輯, 서울, 韓國
　　　　　　　　　中國言語學會, 2017年 10月

11-6 中國言語硏究 第73輯 2017年 12月 (韓國中國言語學會)

이지영　　　　　속음(俗音)의 형성 원인에 대한 초탐(初探),『中國言語硏
　　　　　　　　　究』, 第73輯, 서울, 韓國中國言語學會, 2017年 12月

이봉금　　　　　'V1+V2'구조의 사동의미 파생 및 어휘적 사동과의 차이,
　　　　　　　　　『中國言語硏究』, 第73輯, 서울, 韓國中國言語學會,
　　　　　　　　　2017年 12月

공범련　　　　　從信息結構理論角度看漢語無定主語句的允准問題,『
　　　　　　　　　中國言語硏究』, 第73輯, 서울, 韓國中國言語學會, 2017
　　　　　　　　　年 12月

오유정　　　　　論"給VP" - 以去致使化爲理論基礎, 『中國言語硏究』,
　　　　　　　　　第73輯, 서울, 韓國中國言語學會, 2017年 12月

정혜인　　　　　언어유형학적 시각에서 본 중국어 연속동사 구문(Serial
　　　　　　　　　Verb Constructions)의 정의와 범위,『中國言語硏究』, 第

	73輯, 서울, 韓國中國言語學會, 2017年 12月
명혜정	고려대장경(高麗大藏經) 내(內) 불경음의서(佛經音義書)의『설문해자(說文解字)』인용 유형분석,『中國言語研究』, 第73輯, 서울, 韓國中國言語學會, 2017年 12月
이은화	어휘투명도를 활용한 중국어 어휘 교수·학습 방안 연구, 『中國言語研究』, 第73輯, 서울, 韓國中國言語學會, 2017年 12月
박교리	중국어 고급단계 학습자의 존재표현 사용현황 연구 - 'NP1+V/着/了+NP2'구조를 중심으로, 『中國言語研究』, 第73輯, 서울, 韓國中國言語學會, 2017年 12月
맹춘영	水原大學敎養必修漢語課的敎學評價問卷考察,『中國言語研究』, 第73輯, 서울, 韓國中國言語學會, 2017年 12月
양오진	조선시대 한(韓)·중(中) 외교문서와 언어적 특징에 대하여,『中國言語研究』, 第73輯, 서울, 韓國中國言語學會, 2017年 12月
나민구·장금주	유덕화(劉德華) 강연 텍스트 "給世界一個微笑"의 수사학적 분석,『中國言語研究』, 第73輯, 서울, 韓國中國言語學會, 2017年 12月
위수광	국제대강(國際大綱)(어법(語法) : 2014)의 중국어 교육문법체계 고찰 - 국제대강(國際大綱)(어법(語法) : 2008)과 비교를 토대로 - ,『中國言語研究』, 第73輯, 서울, 韓國中國言語學會, 2017年 12月

12-1 中國人文科學 第65輯 2017年 4月 (中國人文學會)

최남규	≪上博楚簡(五)·弟子問≫에 대한 연구-편련과 내용을 중심으로-,『中國人文科學』, 第65輯, 광주, 中國人文學 會, 2017年 4月
신세리	고대 중국인의 인식체계에 대한 고찰-≪說文≫ '美也'의 풀이자를 중심으로,『中國人文科學』, 第65輯, 광주, 中 國人文學會, 2017年 4月
유영기	중국어 사전의 어휘 연구-쌍음절 언어단위를 중심으로-, 『中國人文科學』, 第65輯, 광주, 中國人文學會, 2017年 4月
안재철	意와 義의 詞義異同考-詞義 '뜻'을 중심으로-,『中國 人文科學』, 第65輯, 광주, 中國人文學會, 2017年 4月
오길용	다언어의 교육 방법 小考,『中國人文科學』, 第65輯, 광 주, 中國人文學會, 2017年 4月
이광혁	중국어 發音 오류에 대한 몇 가지 見解,『中國人文科學』, 第65輯, 광주, 中國人文學會, 2017年 4月
채예령	중국어 학습자들의 작문 쓰기 偏誤分析-학부 재학생들 의 '介詞'사용오류를 중심으로-,『中國人文科學』, 第65 輯, 광주, 中國人文學會, 2017年 4月
강창구	중국어 듣기 교육 방안 연구,『中國人文科學』, 第65輯, 광주, 中國人文學會, 2017年 4月
나일송·이상우	基于語料庫的二詞型術語抽取研究, 『中國人文科學』, 第65輯, 광주, 中國人文學會, 2017年 4月
채춘옥	중국어 '-族'류 신조어의 사회언어학적 분석-2000-2010

	년의 '-族'류 신조어를 중심으로, 『中國人文科學』, 第65 輯, 광주, 中國人文學會, 2017年 4月
김은주	基于語料庫的"挨", "靠", "臨"用法辨析, 『中國人文科學』, 第65輯, 광주, 中國人文學會, 2017年 4月
옥효광·손다옥	眞値語義相同下的"才"和"就"之比較, 『中國人文科學』, 第65輯, 광주, 中國人文學會, 2017年 4月
손흥봉	敎育信息化背景下中國大學內涵式發展策略硏究, 『中國人文科學』, 第65輯, 광주, 中國人文學會, 2017年 4月
류재윤	柳宗元의 古賦硏究 - 謫居時의 作品을 中心으로 - , 『中國人文科學』, 第65輯, 광주, 中國人文學會, 2017年 4月
이옥하	唐五代 文人詠物詞 考察 (2), 『中國人文科學』, 第65輯, 광주, 中國人文學會, 2017年 4月
이금순	李漁의 패션미학관점 연구 - ≪閑情偶寄聲容部≫를 중심으로, 『中國人文科學』, 第65輯, 광주, 中國人文學會, 2017年 4月
이종무	貶謫文人의 작품 속 심리양상 고찰 Ⅱ : '원망', 『中國人文科學』, 第65輯, 광주, 中國人文學會, 2017年 4月
김은희	延安時期丁玲의 〈夜〉에 관한 소고 - 重層構造와 섹슈얼리티를 중심으로, 『中國人文科學』, 第65輯, 광주, 中國人文學會, 2017年 4月
김은영	張愛玲的自我告白寫作 - 以自傳体小說≪小團圓≫爲例 - , 『中國人文科學』, 第65輯, 광주, 中國人文學會, 2017年 4月
이희경	1980년대 중국사회의 동일성과 공감장, 『中國人文科學』, 第65輯, 광주, 中國人文學會, 2017年 4月

송해경	당·송대 餠茶와 團茶제다법 비교연구(I), 『中國人文科學』, 第65輯, 광주, 中國人文學會, 2017年 4月
류 창	韓日西湖詩的文學形象構建及其體現出的兩國文化心理, 『中國人文科學』, 第65輯, 광주, 中國人文學會, 2017年 4月
왕아남	朝鮮文人的王羲之書帖題跋一考, 『中國人文科學』, 第65輯, 광주, 中國人文學會, 2017年 4月
김성순	한·중 민간장례 습속에 나타나는 망혼의 안내자들: '인로계(引路鷄)'와 '꼭두닭'을 중심으로, 『中國人文科學』, 第65輯, 광주, 中國人文學會, 2017年 4月

12-2 中國人文科學 第66輯 2017年 8月 (中國人文學會)

李相機	戰國時期秦系文字의 筆劃簡省에 대한 考察, 『中國人文科學』, 第66輯, 광주, 中國人文學會, 2017年 8月
최남규	≪孔子見季桓子≫ 중 '仁'과 관련이 편련에 대한 재고찰, 『中國人文科學』, 第66輯, 광주, 中國人文學會, 2017年 8月
양만기	≪老子≫ '以'字 用法 考察, 『中國人文科學』, 第66輯, 광주, 中國人文學會, 2017年 8月
金恩希	淸學四書의 漢字語에 대한 한글 轉寫에 나타난 漢語語音의 특징, 『中國人文科學』, 第66輯, 광주, 中國人文學會, 2017年 8月
모정렬	廣東省 翁源 客家방언의 음운특성, 『中國人文科學』, 第66輯, 광주, 中國人文學會, 2017年 8月

김미성	현대 중국어 형용사와 '下來·下去' 결합 양상 고찰,『中國人文科學』, 第66輯, 광주, 中國人文學會, 2017年 8月
임지영	"V+給"구조에 대한 재(再)고찰,『中國人文科學』, 第66輯, 광주, 中國人文學會, 2017年 8月
조희무	한어 신조어를 통해 본 중국 사회현상,『中國人文科學』, 第66輯, 광주, 中國人文學會, 2017年 8月
임연정	중국어 학습자의 문화 간 감수성 분석 및 교육방안 제안, 『中國人文科學』, 第66輯, 광주, 中國人文學會, 2017年 8月
王 媛	從"顯性/隱性"理論談初級漢語綜合課敎材中的語法編寫,『中國人文科學』, 第66輯, 광주, 中國人文學會, 2017年 8月
劉寯芳·韓容洙	關于韓國漢語學習者語言遷移研究的考察,『中國人文科學』, 第66輯, 광주, 中國人文學會, 2017年 8月
김인호	한대인의 초사 이해,『中國人文科學』, 第66輯, 광주, 中國人文學會, 2017年 8月
徐寶余	≪陌上桑≫故事主題及源流攷辨,『中國人文科學』, 第66輯, 광주, 中國人文學會, 2017年 8月
전가람	조희룡(趙熙龍)의 유희정신(遊精神)과 그 발현(發現),『中國人文科學』, 第66輯, 광주, 中國人文學會, 2017年 8月
이주노	≪魯迅全集≫ 版本에 관한 연구,『中國人文科學』, 第66輯, 광주, 中國人文學會, 2017年 8月
甘 健	再議徐志摩愛情詩之性靈美,『中國人文科學』, 第66輯, 광주, 中國人文學會, 2017年 8月
김자은	20세기말 21세기초 중국 시에 나타난 죽음 형상,『中國人

	文科學』, 第66輯, 광주, 中國人文學會, 2017年 8月
신정호	중국문학 속의 한국전쟁,『中國人文科學』, 第66輯, 광주, 中國人文學會, 2017年 8月
김명희	한한(韓寒), 문화영웅인가 공공지식인인가,『中國人文科學』, 第66輯, 광주, 中國人文學會, 2017年 8月
양회석	오방(五放)과 노자(老子),『中國人文科學』, 第66輯, 광주, 中國人文學會, 2017年 8月
安東煥	浙江 金華府城隍廟 考,『中國人文科學』, 第66輯, 광주, 中國人文學會, 2017年 8月
최승현	중화인민공화국 건국 전후의 "독보조(讀報組)" 연구,『中國人文科學』, 第66輯, 광주, 中國人文學會, 2017年 8月
李淑娟	臺灣原住民文學論述與多元文化社會的省思, 『中國人文科學』, 第66輯, 광주, 中國人文學會, 2017年 8月
김정욱	중국 영화이론 논쟁사 연구,『中國人文科學』, 第66輯, 광주, 中國人文學會, 2017年 8月
이상우	중국 전통 차 문화에 내재된 의미와 가치 연구,『中國人文科學』, 第66輯, 광주, 中國人文學會, 2017年 8月
강창구	한국 공자학원의 운영현황과 개선방안에 관한 연구,『中國人文科學』, 第66輯, 광주, 中國人文學會, 2017年 8月

12-3 中國人文科學 第67輯 2017年 12月 (中國人文學會)

조영화	西周金文 構造와 六書의 비교,『中國人文科學』, 第67輯, 광주, 中國人文學會, 2017年 12月

김태완	≪說文解字≫의 轉注 再考察,『中國人文科學』, 第67輯, 광주, 中國人文學會, 2017年 12月
이영호	古代中國語 語料 硏究,『中國人文科學』, 第67輯, 광주, 中國人文學會, 2017年 12月
張婷婷	明代江浙徽散曲入韻字與≪中原音韻≫比較硏究, 『中國人文科學』, 第67輯, 광주, 中國人文學會, 2017年 12月
韓容洙 · 李 莉	漢語含"春"字四字格成語古平仄分析,『中國人文科學』, 第67輯, 광주, 中國人文學會, 2017年 12月
안재철	佛典에 나타난 '見 · 看 · 觀'의 詞義 異同考,『中國人文科學』, 第67輯, 광주, 中國人文學會, 2017年 12月
張 喬 · 張泰源	≪圍城≫和≪白鹿原≫中的 "把"字 句 比較硏究,『中國人文科學』, 第67輯, 광주, 中國人文學會, 2017年 12月
王英麗 · 嚴英旭 · 劉 玲	語氣副詞 "不一定"的 主觀性硏究,『中國人文科學』, 第67輯, 광주, 中國人文學會, 2017年 12月
안기섭 · 정성임 · 鄭 輝	'得'를 사용하지 않은 정도보어 형식 중의 보어 성격에 대하여,『中國人文科學』, 第67輯, 광주, 中國人文學會, 2017年 12月
林 艷	基于韓日學生學習風格差異與民族性格的對外漢語敎學硏究,『中國人文科學』, 第67輯, 광주, 中國人文學會, 2017年 12月
이민경 · 김석영	다음절어 성조연쇄 패턴 빈도를 활용한 중국어 성조 지도 재료 선정 방안 연구,『中國人文科學』, 第67輯, 광주, 中國人文學會, 2017年 12月
吳吉龍	멀티미디어 매체 활용 교수-학습 분석,『中國人文科學』,

第67輯, 광주, 中國人文學會, 2017年 12月

장춘석 유교·불교·기독교의 대표 식물의 상징 연구, 『中國人文科學』, 第67輯, 광주, 中國人文學會, 2017年 12月

李金恂 원대 수호잡극을 통한 이규형상의 문화적 의의 연구, 『中國人文科學』, 第67輯, 광주, 中國人文學會, 2017年 12月

申鉉錫 李漁의 詞學論 硏究, 『中國人文科學』, 第67輯, 광주, 中國人文學會, 2017年 12月

金慶國 戴名世與桐城派的文論, 『中國人文科學』, 第67輯, 광주, 中國人文學會, 2017年 12月

王飛燕 ≪紅樓夢評論≫中王國維對叔本華學說之接受與疏離, 『中國人文科學』, 第67輯, 광주, 中國人文學會, 2017年 12月

肖大平 論淸代戲曲≪雲石會≫的藝術特徵, 『中國人文科學』, 第67輯, 광주, 中國人文學會, 2017年 12月

于翠玲 蔡萬植與巴金的告白叙事, 『中國人文科學』, 第67輯, 광주, 中國人文學會, 2017年 12月

丁海里 중국 근대 조선 사행록(使行錄) 속 조선 인식의 변용과 기억 : 괴령(魁齡)의 〈東使紀事詩略〉과 마건충(馬建忠)의 〈東行三錄〉을 중심으로, 『中國人文科學』, 第67輯, 광주, 中國人文學會, 2017年 12月

王 艶 話劇≪我們的荊軻≫對≪史記·刺客列傳≫ 的改寫分析, 『中國人文科學』, 第67輯, 광주, 中國人文學會, 2017年 12月

강재욱 중국 산서성 임현앙가(臨縣秧歌)의 진행 과정과 제의적

성격, 『中國人文科學』, 第67輯, 광주, 中國人文學會, 2017年 12月

柳昌辰 1890-1910년대 한국 근대 매체 속에 투영된 타자로서의 중국 심상(心像) 연구, 『中國人文科學』, 第67輯, 광주, 中國人文學會, 2017年 12月

蘇　杭·崔宇錫 從道敎≪太上一乘海空智藏經≫看唐代佛, 道的融突, 『中國人文科學』, 第67輯, 광주, 中國人文學會, 2017年 12月

송해경 당·송대 餠茶와 團茶제다법 비교 연구(Ⅱ), 『中國人文科學』, 第67輯, 광주, 中國人文學會, 2017年 12月

申芳芳 중국 宋代 梅花詩에 나타난 시어 '鐵腸石心' 연구, 『中國人文科學』, 第67輯, 광주, 中國人文學會, 2017年 12月

이희경 문혁에 내재된 대안 근대성의 요소들, 『中國人文科學』, 第67輯, 광주, 中國人文學會, 2017年 12月

김정욱 『중경삼림(重慶森林)』을 관독(觀讀)하는 어떤 한 장의 지도, 『中國人文科學』, 第67輯, 광주, 中國人文學會, 2017年 12月

13- 1 中國學 第58輯 2017年 3月 (大韓中國學會)

김남석 중국 조선족 희곡에 반영된 역사적 傷痕과 상상력의 기록물로서 문학적 글쓰기, 『中國學』, 第58輯, 부산, 大韓中國學會, 2017年 3月

고혜림 소설 속 공간 재구성과 이주자의 정체성, 『中國學』, 第58輯, 부산, 大韓中國學會, 2017年 3月

백영선	路遙의『平凡的世界』에 나타난 陝北 민속문화 고찰,『中國學』, 第58輯, 부산, 大韓中國學會, 2017年 3月
박은경	四柱의 기원에 관한 인문학적 고찰,『中國學』, 第58輯, 부산, 大韓中國學會, 2017年 3月
辛永鎬 · 金萬泰	중국 命理原典『命理約言』 고찰,『中國學』, 第58輯, 부산, 大韓中國學會, 2017年 3月
千大珍 · 鄭憲哲	柳永의 小說化에 대한 고찰,『中國學』, 第58輯, 부산, 大韓中國學會, 2017年 3月
김계화	『通用規范漢字表』의 의의와 한계,『中國學』, 第58輯, 부산, 大韓中國學會, 2017年 3月
羅度垣	『자전석요』 식기 어휘 고찰,『中國學』, 第58輯, 부산, 大韓中國學會, 2017年 3月
徐新偉	≪商務漢語常用詞語表≫數據分析及改進建議,『中國學』, 第58輯, 부산, 大韓中國學會, 2017年 3月
孫 淇	漢語繪本閱讀課敎學效果硏究,『中國學』, 第58輯, 부산, 大韓中國學會, 2017年 3月
林英花	한국어 중국 漢字語와 중국어 어휘의 對應과 非對應 관계에 관한 연구 문제,『中國學』, 第58輯, 부산, 大韓中國學會, 2017年 3月
朱紀霞	"透'的虛化與認知硏究,『中國學』, 第58輯, 부산, 大韓中國學會, 2017年 3月
金東河	정책을 통해 본 시진핑의 리더십 연구,『中國學』, 第58輯, 부산, 大韓中國學會, 2017年 3月
金惠連	말레이시아 화인과 말레이인의 종족관계 조사 연구,『中

國學』, 第58輯, 부산, 大韓中國學會, 2017年 3月

金孝珍 · 洪慧整 · 沈基恩　중국의 해외직접투자 유입과 수입의 관계 변화,『中國學』, 第58輯, 부산, 大韓中國學會, 2017年 3月

朴商道　VECM 모형을 통한 중국 무역과 유가증권지수의 상호영향력 변화연구,『中國學』, 第58輯, 부산, 大韓中國學會, 2017年 3月

徐錫興　중국 자동차 합자기업의 지분제한 해제 논의와 전망,『中國學』, 第58輯, 부산, 大韓中國學會, 2017年 3月

鄭升硯　일본의 대중국 통상구조 및 전략변화 분석을 통한 중일 통상관계 연구,『中國學』, 第58輯, 부산, 大韓中國學會, 2017年 3月

王　濤 · 김현태　中國公民出境旅游安全及應對策略芻議 - "東方之星"沉船事件啓示與退思,『中國學』, 第58輯, 부산, 大韓中國學會, 2017年 3月

13-2 中國學 第59輯 2017年 6月 (大韓中國學會)

王　濤 · 金昌慶　儒學在當代韓國的流播與傳承,『中國學』, 第59輯, 부산, 大韓中國學會, 2017年 6月

徐慶文　民國孔道的理解維度與儒學的發展理路,『中國學』, 第59輯, 부산, 大韓中國學會, 2017年 6月

안성재　民主主義를 爲한 孔子의 常 修辭學 考察,『中國學』, 第59輯, 부산, 大韓中國學會, 2017年 6月

정원호　孔子의 敎學思想 탐구,『中國學』, 第59輯, 부산, 大韓中

國學會, 2017年 6月

조성환	중국 현대문학 작품에 나타난 상품 - 광고의 표상과 브랜드의 역사,『中國學』, 第59輯, 부산, 大韓中國學會, 2017年 6月
최낙민	예수회 신부 吳漁山의 '十年海上' 사목활동과 天學詩 고찰,『中國學』, 第59輯, 부산, 大韓中國學會, 2017年 6月
宮英瑞 · 魏秀光	語用視角下的漢語句末語氣詞的功能硏究, 『中國學』, 第59輯, 부산, 大韓中國學會, 2017年 6月
金明子 · 徐苗苗	CPT考試中商務話語的体裁及其測試維度分析,『中國學』, 第59輯, 부산, 大韓中國學會, 2017年 6月
金寶蘭	指令言語行爲表達形式的選擇机制,『中國學』, 第59輯, 부산, 大韓中國學會, 2017年 6月
金正勛 · 金炫兌	現代漢語中的有標記感嘆句考察 - 以副詞, 代詞爲標記的感嘆句中心,『中國學』, 第59輯, 부산, 大韓中國學會, 2017年 6月
이규일	2016년 중국 대학입시와 어문 과목 평가의 특징,『中國學』, 第59輯, 부산, 大韓中國學會, 2017年 6月
이효영	학습자 중심 교양중국어 교육과정 개발 연구 - 교육과정 현황 조사 및 학습자 요구 분석을 중심으로,『中國學』, 第59輯, 부산, 大韓中國學會, 2017年 6月
진광호	非獨立 字素의 유형과 원인 분석 -『說文解字』540 부수를 위주로,『中國學』, 第59輯, 부산, 大韓中國學會, 2017年 6月

13- 3 中國學 第60輯 2017年 9月 (大韓中國學會)

박노종 　　　20세기 초 중국유학생 잡지를 통한 '문사(文士)' 의식의 변
　　　　　　화 고찰 - 루쉰(魯迅)의 일본 유학시기를 중심으로, 『中國
　　　　　　學』, 第60輯, 부산, 大韓中國學會, 2017年 9月

엄영욱 · 왕영려　魯迅和周作人內心世界探究 - 以≪喝茶≫爲例, 『中國
　　　　　　學』, 第60輯, 부산, 大韓中國學會, 2017年 9月

이어빈 　　　루쉰과 량스추의 번역논쟁에 관한 小考, 『中國學』, 第60
　　　　　　輯, 부산, 大韓中國學會, 2017年 9月

송경애 　　　『虞初新志』 작품 속의 狂人 형상 연구, 『中國學』, 第60
　　　　　　輯, 부산, 大韓中國學會, 2017年 9月

강경구 　　　손오공과 諸神의 전투에 대한 불교적 독해, 『中國學』, 第
　　　　　　60輯, 부산, 大韓中國學會, 2017 9月

이시활 　　　전통과 근대의 바다 - 한국과 중국의 20세기 전반기 바다
　　　　　　관련 시 고찰, 『中國學』, 第60輯, 부산, 大韓中國學會,
　　　　　　2017年 9月

황선미 　　　일제강점기 대만 문단에서 활약한 조선인 박윤원, 『中國
　　　　　　學』, 第60輯, 부산, 大韓中國學會, 2017年 9月

백지훈 　　　'結果' 문법화 소고, 『中國學』, 第60輯, 부산, 大韓中國學
　　　　　　會, 2017年 9月

최향란 · 박홍수　중국어의 만주어 차용어 연구, 『中國學』, 第60輯, 부산,
　　　　　　大韓中國學會, 2017年 9月

송지현 　　　중국어 문화소통능력 제고를 위한 제언 - 호칭과 인사법을
　　　　　　중심으로, 『中國學』, 第60輯, 부산, 大韓中國學會, 2017

年 9月

장은영　　　협동학습 모형을 활용한 중국어 고문 교육 연구,『中國學
　　　　　　』, 第60輯, 부산, 大韓中國學會, 2017年 9月

강동위 · 王志成 · 羊米林　魅力型領導對員工行爲影響關系中：以感情承
　　　　　　諾及領導 - 成員交換關系爲中心的硏究,『中國學』, 第
　　　　　　60輯, 부산, 大韓中國學會, 2017年 9月

金賢珠　　　강유위의 대동사상의 사상적 함의와 중국적 사회주의의
　　　　　　현대화의 연관성,『中國學』, 第60輯, 부산, 大韓中國學
　　　　　　會, 2017年 9月

마　징 · 김현태　淺談中韓文化交流的現狀, 問題与對策 - 以中國視角爲
　　　　　　中心,『中國學』, 第60輯, 부산, 大韓中國學會, 2017年 9月

박선화 · 두　보　중국 조선산업의 경쟁력 강화를 위한 산업정책변화 고찰,
　　　　　　『中國學』, 第60輯, 부산, 大韓中國學會, 2017年 9月

이종찬 · 윤관진 · 채상수　한중 무역변화에 대한 한중 FTA 발효효과 분석 -
　　　　　　전자기기산업을 중심으로,『中國學』, 第60輯, 부산, 大韓
　　　　　　中國學會, 2017年 9月

주민욱　　　한한령(限韓令)에 대한 중국 언론보도 사회관계망분석
　　　　　　(SNA) 연구,『中國學』, 第60輯, 부산, 大韓中國學會,
　　　　　　2017年 9月

13- 4 中國學 第61輯 2017年 12月 (大韓中國學會)

姜鯨求 · 金敬娥　중국특색사회주의 종교이론의 고찰,『中國學』, 第61輯,
　　　　　　부산, 大韓中國學會, 2017年 12月

朴魯宗   중국의 종교교육과 종교학교,『中國學』, 第61輯, 부산, 大韓中國學會, 2017年 12月

金敬娥 · 姜鯨求   중국의 종교정책과 법치화수준의 제고,『中國學』, 第61輯, 부산, 大韓中國學會, 2017年 12月

吳萬鍾   王莽의 禪讓 政權,『中國學』, 第61輯, 부산, 大韓中國學會, 2017年 12月

鄭台業   蘇門四學士 貶謫前後詞 比較,『中國學』, 第61輯, 부산, 大韓中國學會, 2017年 12月

姜春華   朱熹 "驗証說" 萌芽與洪大容 "驗証說" 比較研究,『中國學』, 第61輯, 부산, 大韓中國學會, 2017年 12月

韓相德   『三字經』의 인물고사를 통한 학습동기 유발 연구,『中國學』, 第61輯, 부산, 大韓中國學會, 2017年 12月

李抒泫   반금련(潘金蓮)의 욕망과 비극,『中國學』, 第61輯, 부산, 大韓中國學會, 2017年 12月

王惠麗 · 金南奭   심택추자희 포공출세(包公出世) 와 창극 흥보전 의 미학적 비교,『中國學』, 第61輯, 부산, 大韓中國學會, 2017年 12月

金泰萬   초기 魯迅의 문예사상,『中國學』, 第61輯, 부산, 大韓中國學會, 2017年 12月

崔洛民   玄卿駿의 작품을 통해 본 國境都市 圖們,『中國學』, 第61輯, 부산, 大韓中國學會, 2017年 12月

朴珉秀   개혁개방 이후 중국영화에서 나타나는 하위계층의 재현 양상 연구,『中國學』, 第61輯, 부산, 大韓中國學會, 2017年 12月

郭鉉淑	『훈몽자회』와 『자류주석』의 분류항목 비교 분석, 『中國學』, 第61輯, 부산, 大韓中國學會, 2017年 12月
金正必	'개사현공의 이론적 가능성과 활용 방안, 『中國學』, 第61輯, 부산, 大韓中國學會, 2017年 12月
金鉉宰·李志宣	중국 한자(漢字)의 베트남으로 유입과 발전, 쇠퇴에 관한 연구, 『中國學』, 第61輯, 부산, 大韓中國學會, 2017年 12月
朴奎貞	방언간 '입성운미(入聲韻尾)'의 차이에 관한 소고: 메이셴 방언(梅縣話), 푸칭 방언(福淸話), 베이징 방언(北京話)을 대상으로, 『中國學』, 第61輯, 부산, 大韓中國學會, 2017年 12月
朴贊旭	한·중 호칭의 실제와 규범 간 양적 비교 분석과 교육적 함의 고찰: 일반 식당에서의 "여/저기요"와 "帥哥/美女"를 중심으로, 『中國學』, 第61輯, 부산, 大韓中國學會, 2017年 12月
沈知彦	대학 중국어교육에서의 어휘 교육방안 연구, 『中國學』, 第61輯, 부산, 大韓中國學會, 2017年 12月
朴商道	中國創客政策的社會影響研究－基于大數据分析, 『中國學』, 第61輯, 부산, 大韓中國學會, 2017年 12月
芮東根	"소프트 변경" 시각으로 단동－신의주 초국경 도시 발전에 대한 새로운 접근, 『中國學』, 第61輯, 부산, 大韓中國學會, 2017年 12月
李曉凡·金廷奎	중국과 한국 소비자의 광고수용 비교연구, 『中國學』, 第61輯, 부산, 大韓中國學會, 2017年 12月
劉 麗	由中國殯喪禮看中國殯喪等級制度的演變, 『中國學』,

	第61輯, 부산, 大韓中國學會, 2017年 12月
趙立新 · 金昌慶	中國對 "薩德" 問題的認知與中韓關系的轉圜, 『中國學』, 第61輯, 부산, 大韓中國學會, 2017年 12月
朴敏雄	A Comparative Study on Liu Yuxi's Biographies - focused on the Old and New Tang Histories, 『中國學』, 第61輯, 부산, 大韓中國學會, 2017年 12月

14-1 中國學論叢 第53輯 2017年 3月 (韓國中國文化學會)

이주은	標記"了"的認知解析考察, 『中國學論叢』, 第53輯, 大田, 韓國中國文化學會, 2017年 3月
이옥하	'二李詞'의 감정어 활용 특질 小考, 『中國學論叢』, 第53輯, 大田, 韓國中國文化學會, 2017年 3月
김병기	元 干涉期 性理學의 高麗 流入과 止浦 金坵의 역할(1), 『中國學論叢』, 第53輯, 大田, 韓國中國文化學會, 2017年 3月
유헌식	마음과 정신 - 영미의 신헤겔주의가 하린(賀麟)의 신심학에 미친 정신철학 연구, 『中國學論叢』, 第53輯, 大田, 韓國中國文化學會, 2017年 3月
윤지원	馮友蘭人生哲學硏究 - 『新理學』과『新原人』을 中心, 『中國學論叢』, 第53輯, 大田, 韓國中國文化學會, 2017年 3月
임소영 · 이성남	세종의 왕도정치에 미친《大學衍義》의 영향 -《세종실록》의 기록을 중심으로 - , 『中國學論叢』, 第53輯, 大田, 韓國中國文化學會, 2017年 3月

조원일 · 박복재   중국과 동남아시아국가연합의 상호관계에 대한 연구-1990
                  년대를 중심으로,『中國學論叢』, 第53輯, 大田, 韓國中
                  國文化學會, 2017年 3月

권용옥   習近平 依法治國 推進의 背景과 戰略,『中國學論叢』,
                  第53輯, 大田, 韓國中國文化學會, 2017年 3月

이광수   양안의 민족주의 정서 고양과 양안관계,『中國學論叢』,
                  第53輯, 大田, 韓國中國文化學會, 2017年 3月

14-2 中國學論叢 第54輯 2017年 6月 (韓國中國文化學會)

조원일   묵자 천지론의 정치사상 연구,『中國學論叢』, 第54輯, 大
                  田, 韓國中國文化學會, 2017年 6月

임반석   중국의 지역무역 협정에 대한 인식 및 전략의 변화와 특
                  징,『中國學論叢』, 第54輯, 大田, 韓國中國文化學會,
                  2017年 6月

김관옥   한국 사드(THAAD) 배치와 미중 군사전략 충돌,『中國學
                  論叢』, 第54輯, 大田, 韓國中國文化學會, 2017年 6月

손미령   王蒙 詩의 主題 硏究,『中國學論叢』, 第54輯, 大田, 韓
                  國中國文化學會, 2017年 6月

유 철   馬云演講探析,『中國學論叢』, 第54輯, 大田, 韓國中國
                  文化學會, 2017年 6月

이규일   위진 잡시의 성격과 문학사적 의미,『中國學論叢』, 第54
                  輯, 大田, 韓國中國文化學會, 2017年 6月

한성구   任鴻雋의 科學的人生觀 硏究,『中國學論叢』, 第54輯,

大田, 韓國中國文化學會, 2017年 6月

14-3 中國學論叢 第55輯 2017年 9月 (韓國中國文化學會)

| 도혜숙 | 오대음의서 주음표기방식과 순음분화 고찰,『中國學論叢』, 第55輯, 大田, 韓國中國文化學會, 2017年 9月 |

도혜숙   오대음의서 주음표기방식과 순음분화 고찰,『中國學論叢』, 第55輯, 大田, 韓國中國文化學會, 2017年 9月

이태수   ≪忠義直言≫에 나타난 古今 同義語의 連用 現象 硏究 —副詞·前置詞·方位詞를 中心으로, 『中國學論叢』, 第55輯, 大田, 韓國中國文化學會, 2017年 9月

박순철   頤齋 黃胤錫의 ≪周易≫詩 硏究,『中國學論叢』, 第55輯, 大田, 韓國中國文化學會, 2017年 9月

김용선   중국 장강경제벨트 구축계획과 한국기업의 진출방안,『中國學論叢』, 第55輯, 大田, 韓國中國文化學會, 2017年 9月

조봉래   중국공산당의 동남아화교에 대한 정책의 변화와 그 사상적 배경,『中國學論叢』, 第55輯, 大田, 韓國中國文化學會, 2017年 9月

김병기   元 干涉期 性理學의 高麗 流入과 止浦 金坵의 역할(2),『中國學論叢』, 第55輯, 大田, 韓國中國文化學會, 2017年 9月

구교현   누정 현판의 심미사유 내원 고찰-咸陽 花林洞 계곡의 樓亭을 중심으로-,『中國學論叢』, 第55輯, 大田, 韓國中國文化學會, 2017年 9月

조원일   王符의 인성론 사상 연구,『中國學論叢』, 第55輯, 大田, 韓國中國文化學會, 2017年 9月

14-4 中國學論叢 第56輯 2017年 12月 (韓國中國文化學會)

김진호 · 현성준	중국어 동소사의 품사와 형태소 결합방식 연구, 『中國學論叢』, 第56輯, 大田, 韓國中國文化學會, 2017年 12月
박영종	중국 코퍼스 및 인터넷을 이용한 중한사전 표제어의 적합성 연구 - D2를 중심으로, 『中國學論叢』, 第56輯, 大田, 韓國中國文化學會, 2017年 12月
송경애	張潮의 《心齋聊復集》研究, 『中國學論叢』, 第56輯, 大田, 韓國中國文化學會, 2017年 12月
엄영욱 · 양승갑 · 단효홍	移民文學的認同感研究 - 以奈保爾與高行健爲例, 『中國學論叢』, 第56輯, 大田, 韓國中國文化學會, 2017年 12月
이선희	'眼紅', '眼熱', '眼饞'의 품사 표기 문제점과 통사용법 소고(小考), 『中國學論叢』, 第56輯, 大田, 韓國中國文化學會, 2017年 12月
정인숙 · 박봉순	중국 고문 교수법 방안 연구 - 스토리텔링 기법을 활용한 "大學" 읽기, 『中國學論叢』, 第56輯, 大田, 韓國中國文化學會, 2017年 12月
문철주 · 김주원	중국 요우커(游客youke)의 문화적 동기와 방문충성도에 관한 연구, 『中國學論叢』, 第56輯, 大田, 韓國中國文化學會, 2017年 12月
조대원 · 김형기	웨이신 공중계정에 대한 사례연구, 『中國學論叢』, 第56輯, 大田, 韓國中國文化學會, 2017年 12月
최정석	중국 유통산업의 경제적 효과 분석 - 2012년 투입산출표를

기준으로-,『中國學論叢』, 第56輯, 大田, 韓國中國文化學會, 2017年 12月

이동규 개혁개방 이후 마르크스주의 중국화 연구,『中國學論叢』, 第56輯, 大田, 韓國中國文化學會, 2017年 12月

이경훈 ≪음빙행정력≫소고,『中國學論叢』, 第56輯, 大田, 韓國中國文化學會, 2017年 12月

윤지원 唐君毅文化哲學淺析 - 文化宣言과 道德自我를 中心으로,『中國學論叢』, 第56輯, 大田, 韓國中國文化學會, 2017年 12月

조원일·김태완 商鞅의 法治와 農戰의 관계 연구,『中國學論叢』, 第56輯, 大田, 韓國中國文化學會, 2017年 12月

한성구 중국 평화주의의 연원과 현대적 함의,『中國學論叢』, 第56輯, 大田, 韓國中國文化學會, 2017年 12月

15-1 中國學報 第79輯 2017年 2月 (韓國中國學會)

노경희 庾信의 역사의식과 문학적 상상력 -「哀江南賦」論,『中國學報』, 第79輯, 서울, 韓國中國學會, 2017年 2月

이은경 추측의 '曾'구문의 양태부정과 명제부정의 차이에 대한 힘역학적 해석,『中國學報』, 第79輯, 서울, 韓國中國學會, 2017年 2月

정원지 韓中五方觀念의 展開와 意味,『中國學報』, 第79輯, 서울, 韓國中國學會, 2017年 2月

김 호 劉大櫆 時文論에 관한 一考,『中國學報』, 第79輯, 서울,

韓國中國學會, 2017年 2月

이철근   反夏, 降用, 換義, 詭諧在小品中的使用特點及其修辭效果,『中國學報』, 第79輯, 서울, 韓國中國學會, 2017年 2月

이소림   'V得' 결과구문과 사동구문의 상호교체 및 의미 분석에 관한 小考,『中國學報』, 第79輯, 서울, 韓國中國學會, 2017年 2月

박홍준   明淸代 戱曲理論의 展開와 李漁의『閒情偶寄』,『中國學報』, 第79輯, 서울, 韓國中國學會, 2017年 2月

현 월   漢語動結式的演變與類型學視野下的動詞完結範疇,『中國學報』, 第79輯, 서울, 韓國中國學會, 2017年 2月

오세준   '辟聲系 轉注에서 본 上古漢語와 韓國固有語의 對應,『中國學報』, 第79輯, 서울, 韓國中國學會, 2017年 2月

김종섭   唐代 '武才'와 '文·武'의 분리,『中國學報』, 第79輯, 서울, 韓國中國學會, 2017年 2月

김승욱   戰後 上海의 韓僑 처리와 한인사회,『中國學報』, 第79輯, 서울, 韓國中國學會, 2017年 2月

김형석   『노자』 '嗇'개념과 '早服'개념에 관한 주석사적 고찰 (2) - 宋學的 해석을 중심으로,『中國學報』, 第79輯, 서울, 韓國中國學會, 2017年 2月

이연도   章炳麟의 이상사회론 탐구,『中國學報』, 第79輯, 서울, 韓國中國學會, 2017年 2月

박원재   존재의 변화 혹은 삶의 변용 : 노장철학의 문맥에서 본 장자 실천론의 특징 - 노장철학의 문맥에서 본 장자 실천론의 특징,『中國學報』, 第79輯, 서울, 韓國中國學會, 2017

年 2月

15- 2 中國學報 第80輯 2017年 5月 (韓國中國學會)

최성은	"是+N施+VP" 형식과 "有+N施+VP" 형식의 비교연구,『中國學報』, 第80輯, 서울, 韓國中國學會, 2017年 5月
박흥수 · 짱용웨이	"X控"族新詞探析,『中國學報』, 第80輯, 서울, 韓國中國學會, 2017年 5月
변성규	槪念隱喩視角下的溫庭筠詞,『中國學報』, 第80輯, 서울, 韓國中國學會, 2017年 5月
류소진	조선 문인 徐居正 詩의 蘇軾 수용 양상,『中國學報』, 第80輯, 서울, 韓國中國學會, 2017年 5月
박정원	제4차 산업혁명시대 중국문화 데이터 아카이브 현황과 시각화, 서비스 모듈 연구,『中國學報』, 第80輯, 서울, 韓國中國學會, 2017年 5月
김동오	서주(西周) 사도(司徒)의 재검토,『中國學報』, 第80輯, 서울, 韓國中國學會, 2017年 5月
김상범	남송(南宋) 도성(都城) 임안(臨安)과 민간사묘신앙(民間祠廟信仰) - 도시사적 접근,『中國學報』, 第80輯, 서울, 韓國中國學會, 2017年 5月
김두현	청말(淸末) 안휘성(安徽省)의 재해구제(災害救濟)와 민간 의진(義賑)활동의 전개,『中國學報』, 第80輯, 서울, 韓國中國學會, 2017年 5月
이재령	1920년대 전후 북경(北京)의 유학환경과 한인학생(韓人

學生) 현황, 『中國學報』, 第80輯, 서울, 韓國中國學會, 2017年 5月

이선이   중일전쟁시기 딩링(丁玲)의 일본군 성폭력재현과 1956년 전범재판 그리고 피해자 증언의 의미, 『中國學報』, 第80輯, 서울, 韓國中國學會, 2017年 5月

안재호   호굉(胡宏)의 진심성성설(盡心成性說) 관규(管窺) - 진심의 체계 : 치지(致知)와 주경(主敬)을 중심으로, 『中國學報』, 第80輯, 서울, 韓國中國學會, 2017年 5月

김혜수   주자철학의 충서(忠恕) 개념 분석과 그 윤리학적 함의 고찰, 『中國學報』, 第80輯, 서울, 韓國中國學會, 2017年 5月

이진용   고환(顧歡)의 '도(道)' 개념 연구 - 무명(無名)·유명(有名), 무유체용(無有體用)을 중심으로, 『中國學報』, 第80輯, 서울, 韓國中國學會, 2017年 5月

김도일   유가(儒家)의 시중(時中)과 법가(法家)의 시세(時勢), 『中國學報』, 第80輯, 서울, 韓國中國學會, 2017年 5月

장선우   통계 분석을 통한 분야별 중국어 신조어 특징 고찰, 『中國學報』, 第80輯, 서울, 韓國中國學會, 2017年 5月

15-3 中國學報 第81輯 2017年 8月 (韓國中國學會)

김미주   중국어 부사 "還"와 의미가 중복되는 부사간의 혼용 오류 실험 조사 연구, 『中國學報』, 第81輯, 서울, 韓國中國學會, 2017年 8月

박지영   'V雙+在+了+NP'구문의 결합관계 연구, 『中國學報』, 第81

	輯, 서울, 韓國中國學會, 2017年 8月
백은희 · 류동춘	상주(商周)시기 부치사구의 어순과 기능의 변화 양상, 『中國學報』, 第81輯, 서울, 韓國中國學會, 2017年 8月
초육매	量詞"枚"在網絡語言中的新興用法及其來源研究, 『中國學報』, 第81輯, 서울, 韓國中國學會, 2017年 8月
최재영 · 김미나	宋元明淸時期器官動量詞的歷時考察, 『中國學報』, 第81輯, 서울, 韓國中國學會, 2017年 8月
이지현	현대 중국어 비등급(non-gradable) 형용사의 등급적 용법 분석, 『中國學報』, 第81輯, 서울, 韓國中國學會, 2017年 8月
장선우	통계 분석을 통한 분야별 중국어 신조어 특징 고찰, 『中國學報』, 第81輯, 서울, 韓國中國學會, 2017年 8月
최현미	의사소통기능을 기반으로 한 중국어 회화교재 시리즈 분석 및 교육적 제언, 『中國學報』, 第81輯, 서울, 韓國中國學會, 2017年 8月
강필임	당대(唐代) 시회(詩會)의 통시적(通時的) 변화 : 상사일(上巳日) 시회(詩會)를 중심으로, 『中國學報』, 第81輯, 서울, 韓國中國學會, 2017年 8月
김정희	唐代 茶詩 小考, 『中國學報』, 第81輯, 서울, 韓國中國學會, 2017年 8月
신정호	한국의 타이완 인식 일고 : 연암 · 단재 · 김사량의 경우, 『中國學報』, 第81輯, 서울, 韓國中國學會, 2017年 8月
오수경	近代以來中國戲曲在韓國的演出及影響, 『中國學報』, 第81輯, 서울, 韓國中國學會, 2017年 8月

이선옥   문학 번역에 있어서 작품 구조 분석의 의의-『마교사전』을 중심으로,『中國學報』, 第81輯, 서울, 韓國中國學會, 2017年 8月

이준식   패러디에 감춰진 시대적 진실-魯迅 「理水」論,『中國學報』, 第81輯, 서울, 韓國中國學會, 2017年 8月

오의강   清華簡≪厚父≫疏證,『中國學報』, 第81輯, 서울, 韓國中國學會, 2017年 8月

최은진   부사년(傅斯年)(1896-1950)의 학술사상에 나타난 '과학주의(科學主義)'와 그 함의(含意),『中國學報』, 第81輯, 서울, 韓國中國學會, 2017年 8月

임상범   2000년 이후 한국의 5·4신문화운동 연구 동향과 향후 과제,『中國學報』, 第81輯, 서울, 韓國中國學會, 2017年 8月

이연도   양계초의 '국가'와 '자유' 개념 고찰,『中國學報』, 第81輯, 서울, 韓國中國學會, 2017年 8月

15-4 中國學報 第82輯 2017年 11月 (韓國中國學會)

나민구·장금주   사회언어학적 관점에서 본 상하이어의 현황과 전망,『中國學報』, 第82輯, 서울, 韓國中國學會, 2017年 11月

박성하·박은석·유현조   중국 지역 내 중국-티베트 언어의 소유구성 연구,『中國學報』, 第82輯, 서울, 韓國中國學會, 2017年 11月

박재승   의무 양태 동사 '得'의 변별적 기능에 관한 연구,『中國學報』, 第82輯, 서울, 韓國中國學會, 2017年 11月

오문의   중한사전 쌍음절형용사 사동 용법의 기술에 관한 연구,『

中國學報』, 第82輯, 서울, 韓國中國學會, 2017年 11月

이위위 · 장태원　새로 발굴된 출토문헌으로 본 ≪論語≫의 "今之矜也忿
戾"와 "攻乎異端, 斯害也已"에 대한 새로운 접근 모색,『
中國學報』, 第82輯, 서울, 韓國中國學會, 2017年 11月

김경동 · 김은아　21세기 국내 두보 연구의 현황과 성과,『中國學報』, 第82
輯, 서울, 韓國中國學會, 2017年 11月

김준연　당대(唐代) 시인의 사회 연결망 분석 (1) - 사교시(社交詩)
에 대한 빅데이터와 인포그래픽 기반의 접근,『中國學報
』, 第82輯, 서울, 韓國中國學會, 2017年 11月

문관수　남송사대가(南宋四大家)의 애국시(愛國詩) 비교연구(比
較硏究),『中國學報』, 第82輯, 서울, 韓國中國學會,
2017年 11月

안병국　王勃 五言8句詩 形式 探索,『中國學報』, 第82輯, 서울,
韓國中國學會, 2017年 11月

최은정　고려시기(高麗時期) 중양절(重陽節) 관련 한시(漢詩)의
중국 고전시 수용 양상 연구,『中國學報』, 第82輯, 서울,
韓國中國學會, 2017年 11月

김경남　비페이위(畢飛宇) 소설의 서사 특색 -『평원(平原)』과『추
나(推拿)』를 중심으로,『中國學報』, 第82輯, 서울, 韓國
中國學會, 2017年 11月

하아문　黑暗之光 : 談蘇曉康≪離魂歷劫自序≫, ≪寂寞的德拉
瓦灣≫,『中國學報』, 第82輯, 서울, 韓國中國學會, 2017
年 11月

강성조　在韓後三國時代以前的諸子學初探 - 以後三國鼎立時

	期前金石文諸子學印記爲中心, 『中國學報』, 第82輯, 서울, 韓國中國學會, 2017年 11月
김태용	명태조『도덕경』어주의 '무위'관념 연구,『中國學報』, 第 82輯, 서울, 韓國中國學會, 2017年 11月
김현수	갈홍(葛洪)의 '신선가학론(神仙可學論)'과 '신선명정론 (神仙命定論)'의 관계에 대한 고찰,『中國學報』, 第82輯, 서울, 韓國中國學會, 2017年 11月
김혜경	이탁오의 예 사상,『中國學報』, 第82輯, 서울, 韓國中國 學會, 2017年 11月

16- 1 中國學硏究 第79輯 2017年 3月 (中國學硏究會)

임춘영	≪백가강단≫ 당송팔대가론의 현재적 해석,『中國學硏究 』, 第79輯, 서울, 中國學硏究會, 2017年 3月
Xu BaoYu	歷代文話賦話中的徐庾文評,『中國學硏究』, 第79輯, 서 울, 中國學硏究會, 2017年 3月
김세환	天文과 人文의 의미 고찰,『中國學硏究』, 第79輯, 서울, 中國學硏究會, 2017年 3月
박남용	화문시(華文詩)의 민족, 도시 상상과 문화적 정체성 연구 -타이완을 중심으로,『中國學硏究』, 第79輯, 서울, 中國 學硏究會, 2017年 3月
한지연	胡適의 편찬의식 연구-〈中國新文學大系·建設理論集〉 을 중심으로,『中國學硏究』, 第79輯, 서울, 中國學硏究 會, 2017年 3月

권애영　　　　　5·4 신문화 사조와 문학연구회의 '아동문학 운동', 『中國學
　　　　　　　　研究』, 第79輯, 서울, 中國學研究會, 2017年 3月

박홍수 · LU MENG　　從"X狗"看"狗"的類詞綴化傾向, 『中國學研究』,
　　　　　　　　第79輯, 서울, 中國學研究會, 2017年 3月

안기섭 · 정성임 · 허봉격　'就'·'就是'의 詞典 해석상의 문제에 대하여 - 의미
　　　　　　　　항 · 품사 · 어법단위를 중심으로, 『中國學研究』, 第79輯,
　　　　　　　　서울, 中國學研究會, 2017年 3月

정인정　　　　　중국어 경험 표현 사용의 오류 분석과 교육적 적용 - 경험
　　　　　　　　문의 '존재' 의미 관점에서, 『中國學研究』, 第79輯, 서울,
　　　　　　　　中國學研究會, 2017年 3月

김종현　　　　　중국 動員式 治理의 제도적 문제점, 『中國學研究』, 第79
　　　　　　　　輯, 서울, 中國學研究會, 2017年 3月

이경아　　　　　대만의 일 · 가정양립정책과 기업 및 가정의 대응 - 모성보
　　　　　　　　호 및 영유아보육을 중심으로, 『中國學研究』, 第79輯, 서
　　　　　　　　울, 中國學研究會, 2017年 3月

김미란　　　　　'무호적자(黑戶)' 관리를 통해 본 중국의 인구통치, 『中國
　　　　　　　　學研究』, 第79輯, 서울, 中國學研究會, 2017年 3月

임춘성　　　　　방법으로서의 문화연구와 중국문학, 『中國學研究』, 第79
　　　　　　　　輯, 서울, 中國學研究會, 2017年 3月

조은정　　　　　서양 선교사들의 粵方言 학습교재를 통해 살펴본 近代시
　　　　　　　　기 홍콩의 재판과 형벌, 『中國學研究』, 第79輯, 서울, 中
　　　　　　　　國學研究會, 2017年 3月

16-2 中國學研究 第80輯 2017年 6月 (中國學研究會)

윤혜지	宋代 女性詞人 魏玉汝의 離別詞 初探, 『中國學研究』, 第80輯, 서울, 中國學研究會, 2017年 6月
서윤정	두 도시 중산층 이야기 - 박완서의『도시의 흉년』과 류쩐윈(劉震云)의『핸드폰(手机)』비교, 『中國學研究』, 第80輯, 서울, 中國學研究會, 2017年 6月
이 혁	모옌(莫言)소설에 나타난 고향의식 연구, 『中國學研究』, 第80輯, 서울, 中國學研究會, 2017年 6月
서한용	訓詁에 보이는 '始義 同源字'에 대한 고찰 - 〈廣雅疏證〉을 중심으로, 『中國學研究』, 第80輯, 서울, 中國學研究會, 2017年 6月
박재승 · 신주현	의무 양태 표지에 대한 연구 - '행위 통제권'과 '행위 결정권'을 중심으로, 『中國學研究』, 第80輯, 서울, 中國學研究會, 2017年 6月
LU TANSHENG	中 · 韓殘疾人疏離意識的比較研究, 『中國學研究』, 第80輯, 서울, 中國學研究會, 2017年 6月
이승은	현대 중국사회 이해를 위한 방법론적 고찰과 CGSS의 논의 지형, 『中國學研究』, 第80輯, 서울, 中國學研究會, 2017年 6月
이중희 · 구은미	중국 학부 유학생의 입학 유형 연구 - 2016년도 D 대학 사례 연구, 『中國學研究』, 第80輯, 서울, 中國學研究會, 2017年 6月
전명용 · 송용호	『손자병법』·『노자』의 동질성과 그 현실적 운용 연구, 『ㅁ

中國學硏究』, 第80輯, 서울, 中國學硏究會, 2017年 6月

16-3 中國學硏究 第81輯 2017年 8月 (中國學硏究會)

심규호   魏晉代 士人의 雅俗觀 연구, 『中國學硏究』, 第81輯, 서울, 中國學硏究會, 2017年 8月

朴興洙・Yan, Hui-juan   淺析"曬X"的類詞綴化現象, 『中國學硏究』, 第81輯, 서울, 中國學硏究會, 2017年 8月

신미경・유 위   'N+里'에 나타난 한국인 학습자의 오류 분석, 『中國學硏究』, 第81輯, 서울, 中國學硏究會, 2017年 8月

孟柱億・徐睿振   影響韓中跨文化交際的文化因素的調査分析, 『中國學硏究』, 第81輯, 서울, 中國學硏究會, 2017年 8月

초팽염   "V來V去"格式語義特徵小考, 『中國學硏究』, 第81輯, 서울, 中國學硏究會, 2017年 8月

郭興燕・백지훈   "NP+容易/難+V"中"容易", "難"的詞性探討, 『中國學硏究』, 第81輯, 서울, 中國學硏究會, 2017年 8月

임연정   대학생의 창의성 및 인성 함양을 위한 중국어교육 방안 시탐(試探), 『中國學硏究』, 第81輯, 서울, 中國學硏究會, 2017年 8月

김부용   주요국의 대중 내수용 수출경쟁력에 대한 연구, 『中國學硏究』, 第81輯, 서울, 中國學硏究會, 2017年 8月

윤성환   중국 소비자들의 해외직구 이용의도에 영향을 미치는 요인에 관한 연구, 『中國學硏究』, 第81輯, 서울, 中國學硏究會, 2017年 8月

김순희	명대 궁정 교방의 '만국래조' 공연에 관한 연구, 『中國學研究』, 第81輯, 서울, 中國學研究會, 2017年 8月
김효영	중국 '소수민족영화' 연구를 위한 시론(試論), 『中國學研究』, 第81輯, 서울, 中國學研究會, 2017年 8月
송인재	중국철학사의 근현대 서술에 대한 성찰과 제언, 『中國學研究』, 第81輯, 서울, 中國學研究會, 2017年 8月

16-4 中國學研究 第82輯 2017年 11月 (中國學研究會)

지세화	七言詩 發展史에 있어서 鮑照 七言創作의 意義 考察, 『中國學研究』, 第82輯, 서울, 中國學研究會, 2017年 11月
배다니엘	晚唐 羅鄴의 영물시 고찰, 『中國學研究』, 第82輯, 서울, 中國學研究會, 2017年 11月
이수민	『姑妄言』의 풍자성 탐색, 『中國學研究』, 第82輯, 서울, 中國學研究會, 2017年 11月
김순진	『제7일』의 사후세계가 지닌 의미와 창조성, 『中國學研究』, 第82輯, 서울, 中國學研究會, 2017年 11月
나민구 · 박윤희	공자사상에 기반을 둔 중국 TV광고언어 분석, 『中國學研究』, 第82輯, 서울, 中國學研究會, 2017年 11月
鄭莉芳	臺灣國語中的閩南語特有詞兩岸使用現況研究, 『中國學研究』, 第82輯, 서울, 中國學研究會, 2017年 11月
박재승	양태동사 '會'의 기능 연구, 『中國學研究』, 第82輯, 서울, 中國學研究會, 2017年 11月
강준영	韓 · 中수교 25年 : '新常態'시대의 도래, 『中國學研究』,

	第82輯, 서울, 中國學硏究會, 2017年 11月
이희옥	중국의 '전략적 동반자 관계' 외교의 유형화 시론(試論), 『中國學硏究』, 第82輯, 서울, 中國學硏究會, 2017年 11月
이희옥·왕 원	중국의 '전략적 동반자 관계' 외교의 유형화 시론(試論), 『中國學硏究』, 第82輯, 서울, 中國學硏究會, 2017年 11月
임규섭	세계화 시대, 화평연변(和平演變)에 대한 중국의 인식 및 대응, 『中國學硏究』, 第82輯, 서울, 中國學硏究會, 2017年 11月
장윤미·이종화	대안적 중국연구를 위한 비판적 소고(小考), 『中國學硏究』, 第82輯, 서울, 中國學硏究會, 2017年 11月
김민창·이찬우	중국의 기술혁신과 지역경제성장간의 상호관계 연구, 『中國學硏究』, 第82輯, 서울, 中國學硏究會, 2017年 11月
언 규	電視劇《歡樂頌》的階層問題解析, 『中國學硏究』, 第82輯, 서울, 中國學硏究會, 2017年 11月
우준호	君臣有義의 意味에 대한 硏究, 『中國學硏究』, 第82輯, 서울, 中國學硏究會, 2017年 11月
이현민	한국 TV미디어와 중국 고전 환상서사의 텍스트 상호관계, 『中國學硏究』, 第82輯, 서울, 中國學硏究會, 2017年 11月
이희진	중국인의 한국드라마 시청이 문화유입 수용성에 미치는 영향, 『中國學硏究』, 第82輯, 서울, 中國學硏究會, 2017年 11月

17-1 中國現代文學 第80號 2017年 1月 (韓國中國現代文學學會)

김하림	陳映眞 선생에 대한 기억과 그리움, 『中國現代文學』, 第80號, 서울, 韓國中國現代文學學會, 2017年 1月
유중하	陳映眞 선수에 관한 두어 가지 기억들, 『中國現代文學』, 第80號, 서울, 韓國中國現代文學學會, 2017年 1月
鍾 喬	在文學, 思想與行動中 : 悼 陳映眞老師, 『中國現代文學』, 第80號, 서울, 韓國中國現代文學學會, 2017年 1月
延光錫	陳映眞 문학 사상이 분단 한국에 주는 참조적 의의, 『中國現代文學』, 第80號, 서울, 韓國中國現代文學學會, 2017年 1月
陳映眞 저 · 김하림 역	타이완 당대사의 새로운 해석, 『中國現代文學』, 第80號, 서울, 韓國中國現代文學學會, 2017年 1月
김혜준	시노폰 문학(Sinophone literature), 경계의 해체 또는 재획정, 『中國現代文學』, 第80號, 서울, 韓國中國現代文學學會, 2017年 1月
梁 楠	生根的流星 : 論韓華詩人初安民《愁心先醉》中的跨國認同, 『中國現代文學』, 第80號, 서울, 韓國中國現代文學學會, 2017年 1月
박민호	1980년대 초 중국의 '소설 현대화' 논의와 그 한계, 『中國現代文學』, 第80號, 서울, 韓國中國現代文學學會, 2017年 1月
정중석	예자오옌 · 쑤퉁 · 김영하 소설의 염세적 서사, 『中國現代文學』, 第80號, 서울, 韓國中國現代文學學會, 2017年 1月

李賢馥	瞿秋白의『新俄國遊記』을 통해 본 개혁 운동에 대한 반성과 전환의 모색,『中國現代文學』, 第80號, 서울, 韓國中國現代文學學會, 2017年 1月
이윤희	1940년대 '5·4'신문학 계승의 의미와 가치,『中國現代文學』, 第80號, 서울, 韓國中國現代文學學會, 2017年 1月
고재원	'담론'과 '현실'사이 : 1920-30년대 중국 '청년'의 초상,『中國現代文學』, 第80號, 서울, 韓國中國現代文學學會, 2017年 1月
김태연	도시, 유성기, 댄스홀,『中國現代文學』, 第80號, 서울, 韓國中國現代文學學會, 2017年 1月
피경훈	주체인가 제국인가,『中國現代文學』, 第80號, 서울, 韓國中國現代文學學會, 2017年 1月
靳大成·王永健	走進藝術人類學 : 兼論20世紀80年代的學術思潮,『中國現代文學』, 第80號, 서울, 韓國中國現代文學學會, 2017年 1月
서유진	이 계절의 책,『中國現代文學』, 第80號, 서울, 韓國中國現代文學學會, 2017年 1月

17-2 中國現代文學 第81號 2017年 4月 (韓國中國現代文學學會)

성근제	1980년대 중국문학사 서술의 맹점,『中國現代文學』, 第81號, 서울, 韓國中國現代文學學會, 2017年 4月
이현정	"예술의 정치화"의 관점에서 본 옌안 문예좌담회의 의미,『中國現代文學』, 第81號, 서울, 韓國中國現代文學學會,

2017年 4月

김민정	21세기 중국 농민공 詩의 소외와 고민, 『中國現代文學』, 第81號, 서울, 韓國中國現代文學學會, 2017年 4月
이보경	문학치료의 가능성과 불가능성, 『中國現代文學』, 第81號, 서울, 韓國中國現代文學學會, 2017年 4月
안승웅	沈從文 소설의 화자 연구, 『中國現代文學』, 第81號, 서울, 韓國中國現代文學學會, 2017年 4月
안영은	사건으로서의 「十年」, 『中國現代文學』, 第81號, 서울, 韓國中國現代文學學會, 2017年 4月
김미정	周作人의 만년, 『中國現代文學』, 第81號, 서울, 韓國中國現代文學學會, 2017年 4月
畢文秀	突破華人華文文學寫作的局限, 『中國現代文學』, 第81號, 서울, 韓國中國現代文學學會, 2017年 4月
何吉賢	一位"當代"中國作家的"中國觀" : 理解張承志的一個視角, 『中國現代文學』, 第81號, 서울, 韓國中國現代文學學會, 2017年 4月
金大陸	從知青的"下鄉"與"返城"看"歷史的轉折" : 以上海知青史料爲中心的分析, 『中國現代文學』, 第81號, 서울, 韓國中國現代文學學會, 2017年 4月
金光耀	文革爆發之初的基層党委 : 以復旦大學爲例, 『中國現代文學』, 第81號, 서울, 韓國中國現代文學學會, 2017年 4月
황정일	이 계절의 책, 『中國現代文學』, 第81號, 서울, 韓國中國現代文學學會, 2017年 4月

17-3 中國現代文學 第82號 2017年 7月 (韓國中國現代文學學會)

한지연	'학문'으로서의 문학사 서술,『中國現代文學』, 第82號, 서울, 韓國中國現代文學學會, 2017年 7月
심혜영	위화(余華)의 『제7일(第七天)』,『中國現代文學』, 第82號, 서울, 韓國中國現代文學學會, 2017年 7月
이희경	아나키스트 작가 바진(巴金)이 바라본 스페인 내전,『中國現代文學』, 第82號, 서울, 韓國中國現代文學學會, 2017年 7月
차태근	문명의 기준과 근대 중국 인권담론,『中國現代文學』, 第82號, 서울, 韓國中國現代文學學會, 2017年 7月
김태연	1920-30년대 베이징의 문예청년과 도시공간의 분할,『中國現代文學』, 第82號, 서울, 韓國中國現代文學學會, 2017年 7月
김정수	표류하는 개인들의 사회,『中國現代文學』, 第82號, 서울, 韓國中國現代文學學會, 2017年 7月
유경철	'중국주류영화' 논의 고찰,『中國現代文學』, 第82號, 서울, 韓國中國現代文學學會, 2017年 7月
피경훈	이 계절의 책,『中國現代文學』, 第82號, 서울, 韓國中國現代文學學會, 2017年 7月

17-4 中國現代文學 第83號 2017年 10月 (韓國中國現代文學學會)

| 최영호 | '革命+戀愛' 敍事를 다시 읽는 몇 가지 觀點(2),『中國現 |

代文學』, 第83號, 서울, 韓國中國現代文學學會, 2017年
10月

朱善杰   底層人的'上海夢',『中國現代文學』, 第83號, 서울, 韓國
中國現代文學學會, 2017年 10月

김진공   소설『류즈단』은 왜 위험한 작품이 되었는가?,『中國現代
文學』, 第83號, 서울, 韓國中國現代文學學會, 2017年 10月

韓 潭   新中國初期冷戰世界觀考察,『中國現代文學』, 第83號,
서울, 韓國中國現代文學學會, 2017年 10月

고윤실   애니메이션『대어 · 해당(大魚海棠)』읽기,『中國現代文
學』, 第83號, 서울, 韓國中國現代文學學會, 2017年 10月

윤영도   소설 미디어 장과 리액션의 정동역학(情動力學) - 중국
동영상 사이트를 중심으로,『中國現代文學』, 第83號, 서
울, 韓國中國現代文學學會, 2017年 10月

이정훈   『山河故人』의 새로운 인물형상과 자장커의 '변신',『中國
現代文學』, 第83號, 서울, 韓國中國現代文學學會, 2017
年 10月

김정구   중국 영화 연구의 역사와 전망,『中國現代文學』, 第83號,
서울, 韓國中國現代文學學會, 2017年 10月

이종민   21세기 중국 문명국가의 길을 찾아서,『中國現代文學』,
第83號, 서울, 韓國中國現代文學學會, 2017年 10月

류영하   방법으로서 '중국-홍콩체제',『中國現代文學』, 第83號, 서
울, 韓國中國現代文學學會, 2017年 10月

차태근   국제 인권규범과 중국 인권정책,『中國現代文學』, 第83
號, 서울, 韓國中國現代文學學會, 2017年 10月

김도경 · 어영미	중국 시민사회 담론 속의 '혁명 서사', 『中國現代文學』, 第83號, 서울, 韓國中國現代文學學會, 2017年 10月
김미란	명작 다시 보기, 『中國現代文學』, 第83號, 서울, 韓國中國現代文學學會, 2017年 10月
김정수	이 계절의 책, 『中國現代文學』, 第83號, 서울, 韓國中國現代文學學會, 2017年 10月

18-1 中語中文學 第67輯 2017年 3月 (韓國中語中文學會)

김낙철	배형 『傳奇』에 나타난 용과 뱀의 관계성 고찰, 『中語中文學』, 第67輯, 서울, 韓國中語中文學會, 2017年 3月
민경욱	『朱熹的歷史世界』의 서술 구조와 논증 방식에 대하여, 『中語中文學』, 第67輯, 서울, 韓國中語中文學會, 2017年 3月
이복실	'만주국' 신극 언어의 표현 감각, 『中語中文學』, 第67輯, 서울, 韓國中語中文學會, 2017年 3月
서유진	과학소설의 사실주의 실험, 『中語中文學』, 第67輯, 서울, 韓國中語中文學會, 2017年 3月
박민호	미디어적 관점에서 본 중국 인터넷문학 담론의 전개 양상과 그 과제, 『中語中文學』, 第67輯, 서울, 韓國中語中文學會, 2017年 3月
나도원	缶와 瓦 부수자 어휘와 옹기 고찰, 『中語中文學』, 第67輯, 서울, 韓國中語中文學會, 2017年 3月
김영경	天治本 『新撰字鏡』 校勘硏究, 『中語中文學』, 第67輯, 서

239

	울, 韓國中語中文學會, 2017年 3月
이해윤	朝鮮後期『經史百家音訓字譜』解題,『中語中文學』, 第67輯, 서울, 韓國中語中文學會, 2017年 3月
최재영·안연진	상고중국어시기~근대중국어시기의 금지 표지 연구,『中語中文學』, 第67輯, 서울, 韓國中語中文學會, 2017年 3月
양영매	현대중국어 '不怎麽+X'구조에 대한 통사·의미 연구,『中語中文學』, 第67輯, 서울, 韓國中語中文學會, 2017年 3月
정성임	현대 중국어 '一起' 출현 구문의 의미·화용적 고찰,『中語中文學』, 第67輯, 서울, 韓國中語中文學會, 2017年 3月
고영란	SNS를 통해 본 BA式 狀態形容詞의 動態化 연구,『中語中文學』, 第67輯, 서울, 韓國中語中文學會, 2017年 3月
魏義禎	韓國語"오다/가다"和漢語"來/去"在位移表達中的不對應現象,『中語中文學』, 第67輯, 서울, 韓國中語中文學會, 2017年 3月
윤유정	한국인의 중국어 작문 텍스트 응결 장치 분석,『中語中文學』, 第67輯, 서울, 韓國中語中文學會, 2017年 3月
金惠經	李贄梅澹然事跡考,『中語中文學』, 第67輯, 서울, 韓國中語中文學會, 2017年 3月
최수경	'荒服'의 재해석,『中語中文學』, 第67輯, 서울, 韓國中語中文學會, 2017年 3月

18-2 中語中文學 第68輯 2017年 6月 (韓國中語中文學會)

예추이화	李白 賦 初探,『中語中文學』, 第68輯, 서울, 韓國中語中

文學會, 2017年 6月

홍준형   잡문은 어떻게 '문학'이 되었나?,『中語中文學』, 第68輯, 서울, 韓國中語中文學會, 2017年 6月

조보로   莫言小說≪生死疲勞≫韓譯本中對文化缺省的補償策略,『中語中文學』, 第68輯, 서울, 韓國中語中文學會, 2017年 6月

이 경   출토문헌(出土文獻)에 나타난 병명(病名) '가(瘕)'에 관한 고찰,『中語中文學』, 第68輯, 서울, 韓國中語中文學會, 2017年 6月

邱 崇   從語篇結構分析上古漢語主謂之間"其"的功能, 『中語中文學』, 第68輯, 서울, 韓國中語中文學會, 2017年 6月

이옥주   표준중국어 음절유형에 대한 유형론적 고찰,『中語中文學』, 第68輯, 서울, 韓國中語中文學會, 2017年 6月

李冬香·王楠楠   移動方式動詞動賓結構的語義角色關系分析,『中語中文學』, 第68輯, 서울, 韓國中語中文學會, 2017年 6月

이지현   현대 중국어 반의어 형용사 '大/小'류와 '熱/冷'류의 의미 척도 체계와 상적 특성 비교 분석,『中語中文學』, 第68輯, 서울, 韓國中語中文學會, 2017年 6月

蔡象麗   從比較點看平比句"跟 - "一樣'的類型及其特點, 『中語中文學』, 第68輯, 서울, 韓國中語中文學會, 2017年 6月

范晨星   韓中"同形異義"漢字詞意義差異對比研究, 『中語中文學』, 第68輯, 서울, 韓國中語中文學會, 2017年 6月

18-3 中語中文學 第69輯 2017年 9月 (韓國中語中文學會)

추지원·왕일죽   論莫言文學創作的"民間觀"-對民間批評理論的另類闡釋,『中語中文學』, 第69輯, 서울, 韓國中語中文學會, 2017年 9月

강필임   中唐의 文人 詩會:開成 연간 洛陽 지역을 중심으로,『中語中文學』, 第69輯, 서울, 韓國中語中文學會, 2017年 9月

고영란   '您們'의 사용 양상과 의미 고찰,『中語中文學』, 第69輯, 서울, 韓國中語中文學會, 2017年 9月

이규갑   聲符代替異體字硏究,『中語中文學』, 第69輯, 서울, 韓國中語中文學會, 2017年 9月

공상철   영화『천주정』속의 중국 향촌-향촌 공부를 위한 길 찾기,『中語中文學』, 第69輯, 서울, 韓國中語中文學會, 2017年 9月

박민호   '이미지 읽기 시대'(讀圖時代)의 문화 상황과 '문자-이미지'의 관계 정립을 위한 소고,『中語中文學』, 第69輯, 서울, 韓國中語中文學會, 2017年 9月

안재연   타자의 발견, 펑쯔카이(豊子愷) 만화와 20세기 중국의 정치학,『中語中文學』, 第69輯, 서울, 韓國中語中文學會, 2017年 9月

18-4 中語中文學 第70輯 2017年 12月 (韓國中語中文學會)

김경동   중국고전 詩文 읽기에 있어 오해와 진실,『中語中文學』,

第70輯, 서울, 韓國中語中文學會, 2017年 12月

양중석 　　　『사기』「혹리열전」의 漢 武帝 비판, 『中語中文學』, 第70
　　　　　　輯, 서울, 韓國中語中文學會, 2017年 12月

任子田·李　穎　西晉世, 庶對立背景下的文人生態, 『中語中文學』, 第70
　　　　　　輯, 서울, 韓國中語中文學會, 2017年 12月

李冬香·王楠楠　認知語義學視域下"跑+NP"構式的多義性研究, 『中語中
　　　　　　文學』, 第70輯, 서울, 韓國中語中文學會, 2017年 12月

謝衛菊·李宇哲　主謂句完句過程中体現出的有界性特徵, 『中語中文學
　　　　　　』, 第70輯, 서울, 韓國中語中文學會, 2017年 12月

陳明舒 　　　"跳+X(名詞性語素)"類雙音節"動賓式"詞語內部關係分
　　　　　　析, 『中語中文學』, 第70輯, 서울, 韓國中語中文學會,
　　　　　　2017年 12月

신미경·유　위　한국인 학습자의 비처치식 '把'자문 대치현상 연구, 『中語
　　　　　　中文學』, 第70輯, 서울, 韓國中語中文學會, 2017年 12月

현성준 　　　한·중 동물관련 사자성어 비교 연구, 『中語中文學』, 第
　　　　　　70輯, 서울, 韓國中語中文學會, 2017年 12月

趙林林·王寶霞　國家形象視域下《琅琊榜》的跨國傳播學研究, 『中語
　　　　　　中文學』, 第70輯, 서울, 韓國中語中文學會, 2017年 12月

鄧　劍 　　　游戲勞動及其主体詢喚－以《王者榮耀》爲線索, 『中
　　　　　　語中文學』, 第70輯, 서울, 韓國中語中文學會, 2017年 12月

19－1 韓中言語文化硏究 第43輯 2017年 2月 (韓國中國言語文化硏究會)

류동춘 　　　한국 대학생 한자 쓰기에 보이는 오류 연구－신문사설 속

한자어를 중심으로,『韓中言語文化研究』, 第43輯, 서울, 韓國中國言語文化研究會, 2017年 2月

박홍수·고은미	인터넷 신조어'被XX'고찰 - '詞語模(단어틀)' 이론을 중심으로 - ,『韓中言語文化研究』, 第43輯, 서울, 韓國中國言語文化研究會, 2017年 2月
양경미	함축을 기반으로 한 중국어 시트콤 담화 분석II - 함축의 자질 및 참가자의 연령을 중심으로 - ,『韓中言語文化研究』, 第43輯, 서울, 韓國中國言語文化研究會, 2017年 2月
소은희	關於韓國日据時期 1910-30年代 夜校, 講習會与漢語教育的考察,『韓中言語文化研究』, 第43輯, 서울, 韓國中國言語文化研究會, 2017年 2月
이정림	論《文心雕龍·雜文》篇的"對問"體,『韓中言語文化研究』, 第43輯, 서울, 韓國中國言語文化研究會, 2017年 2月
이현우	明·淸代 文人의 觀念的 隱逸과 空間 認識,『韓中言語文化研究』, 第43輯, 서울, 韓國中國言語文化研究會, 2017年 2月
김현주·채은유	한국 실크로드 음악연구의 현황과 전망,『韓中言語文化研究』, 第43輯, 서울, 韓國中國言語文化研究會, 2017年 2月

19-2 韓中言語文化研究 第44輯 2017年 5月 (韓國中國言語文化研究會)

| 郭聖林 | "一片"詞匯化的過程及机制,『韓中言語文化研究』, 第44輯, 서울, 韓國中國言語文化研究會, 2017年 5月 |

배다니엘   『全唐詩』에 나타난 모란꽃 묘사 분석,『韓中言語文化硏究』, 第44輯, 서울, 韓國中國言語文化硏究會, 2017年 5月

양만리   翰墨与道德 - 論眞德秀重主体品格的文藝思想 - , 『韓中言語文化硏究』, 第44輯, 서울, 韓國中國言語文化硏究會, 2017年 5月

김지현   朝鮮文人 李殷相 詞의 特徵 考察,『韓中言語文化硏究』, 第44輯, 서울, 韓國中國言語文化硏究會, 2017年 5月

김효신   淸代『十三經注疏校勘記』의 편찬과 의의,『韓中言語文化硏究』, 第44輯, 서울, 韓國中國言語文化硏究會, 2017年 5月

한지연   周作人, 錢鍾書의 文學史的 논쟁과 그 의의 -『中國新文學的源流』를 둘러싼 인식론적 차이를 중심으로 - , 『韓中言語文化硏究』, 第44輯, 서울, 韓國中國言語文化硏究會, 2017年 5月

유재성 · 이용태   吳濁流 短篇小說 小考,『韓中言語文化硏究』, 第44輯, 서울, 韓國中國言語文化硏究會, 2017年 5月

成紅舞   罪與罰之間及之外 - 文革文學的反思路徑之反思 - , 『韓中言語文化硏究』, 第44輯, 서울, 韓國中國言語文化硏究會, 2017年 5月

19 - 3 韓中言語文化硏究 第45輯 2017年 8月 (韓國中國言語文化硏究會)

박홍수 · 제윤지   준접사 '客'에 대한 연구,『韓中言語文化硏究』, 第45輯, 서울, 韓國中國言語文化硏究會, 2017年 8月

윤비취	중국어 공손표현 기제 연구, 『韓中言語文化硏究』, 第45輯, 서울, 韓國中國言語文化硏究會, 2017年 8月
배다니엘	中唐 朱慶餘 시가의 주제 분석, 『韓中言語文化硏究』, 第45輯, 서울, 韓國中國言語文化硏究會, 2017年 8月
고진아	唐代離別詩의 典型的 特徵 연구, 『韓中言語文化硏究』, 第45輯, 서울, 韓國中國言語文化硏究會, 2017年 8月
최영호	"飄流在是非之間的自由意志" - 試析周作人"附逆"背后的倫理担負, 『韓中言語文化硏究』, 第45輯, 서울, 韓國中國言語文化硏究會, 2017年 8月
표나리	중국문화가 중국의 대외원조에 미치는 영향 - 중화중심주의와 대국의식을 중심으로 -, 『韓中言語文化硏究』, 第45輯, 서울, 韓國中國言語文化硏究會, 2017年 8月
이승희	한국전쟁의 21세기적 소비 양상 - 〈태극기 휘날리며〉와 〈집결호〉 비교를 중심으로, 『韓中言語文化硏究』, 第45輯, 서울, 韓國中國言語文化硏究會, 2017年 8月

19-4 韓中言語文化硏究 第46輯 2017年 11月 (韓國中國言語文化硏究會)

| 김종찬 | ≪現代漢語詞典≫ "方便"詞性與詞義探究, 『韓中言語文化硏究』, 第46輯, 서울, 韓國中國言語文化硏究會, 2017年 11月 |
| 곽이빈 | 漢語空間形容詞"遠"在情境中的多義性 : 從具身認知的視角觀察, 『韓中言語文化硏究』, 第46輯, 서울, 韓國中國言語文化硏究會, 2017年 11月 |

임재민	중국어 병음 청취식별력 발달 연구, 『韓中言語文化硏究』, 第46輯, 서울, 韓國中國言語文化硏究會, 2017年 11月
배다니엘	중국 고전시에 나타난 매화 묘사 분석, 『韓中言語文化硏究』, 第46輯, 서울, 韓國中國言語文化硏究會, 2017年 11月
유지봉	李穡과 杜甫의 詠病詩에 대한 비교 고찰, 『韓中言語文化硏究』, 第46輯, 서울, 韓國中國言語文化硏究會, 2017年 11月
배도임	린리밍의 『아Q후전』 속의 '식인' 주제 읽기, 『韓中言語文化硏究』, 第46輯, 서울, 韓國中國言語文化硏究會, 2017年 11月
진우선	突發性事件中新聞控制對新聞報道的影響 - 以≪大公報≫≪申報≫對"西安事變"的報道爲例, 『韓中言語文化硏究』, 第46輯, 서울, 韓國中國言語文化硏究會, 2017年 11月

2017年度 중국문학 관련 국내 석박사 학위논문 목록

3

1) 국내 석사 학위 논문

Cheng Weiwei	『四世同堂』에 나타난 현대중국어 결과보어 연구, 인천대 대학원 석사 논문, 2016
DONG CONG	산동 방언 화자의 표준중국어 비운모에 관한 실험음성학적 연구, 이화여대 대학원 석사 논문, 2016
Jia BoSen	루쉰(魯迅)의 「광인일기(狂人日記)」 영어 번역본 및 한국어 번역본의 비교 연구, 충북대 대학원 석사 논문, 2016
Liu Ying	중국의 뤄츠(裸辭)에 관한 탐색적 연구 : 중국 쑤저우(蘇州) 지역을 중심으로, 세종대 대학원 석사 논문, 2016
Liu Zhen	『紅樓夢』의 詩化에 대한 연구, 중앙대 대학원 석사 논문, 2016
WANG XINLE	한ㆍ중 동소 한자어 비교 연구, 아주대 대학원 석사 논문, 2016
Xiao Luting	중ㆍ일ㆍ한 3국에서의 린위탕(林語堂) 번역 및 수용에 관한 연구 : My country and my people을 중심으로, 고려대 대학원 석사 논문, 2016
고동균	중학교 한문교육용 기초한자 900字의 形聲字 분석 : 聲符의 表意 작용을 중심으로, 고려대 교육대학원 석사 논문, 2016
공덕외	문화대혁명 시기의 중국 애니메이션 연구 : 상해미술영화제작소(上海美術電影制片廠)를 중심으로, 한서대 대학원 석사 논문, 2016
곽　명	高適과 李安訥 변새시 비교 연구, 동국대 대학원 석사 논

문, 2016

구 월 　王安憶의 ≪姉妹行≫ 중한 번역 연구, 단국대 대학원 석
사 논문, 2016

구사력 　The study of literature by Ryunosuke Akutagawa :
focusing on the image of China in the literature, 신라대
대학원 석사 논문, 2016

권미정 　고전번역의 번역투 연구 : 『고문관지』내 한유(韓愈) 산문
을 중심으로, 영남대 대학원 석사 논문, 2016

권성현 　關漢卿의 「包待制三勘 蝴蝶夢」 연구 : 구조분석을 통한
작가의 이상세계, 숙명여대 대학원 석사 논문, 2016

김서운 　국공내전 시기 해파(海派)영화 연구 : 정치적 담론의 형상
화를 중심으로, 경희대 대학원 석사 논문, 2016

김은영 　중국, 그 꿈의 시작 : '永遠的追夢人' 한국어번역논문, 제
주대 통역번역대학원 석사 논문, 2016

김차의 　동아시아 환술(幻術)의 유형과 특징, 고려대 대학원 석사
논문, 2016

김초롱 　漢語 外來詞의 類型 및 影響 硏究, 건국대 대학원 석사
논문, 2016

김혜경 　李梅窓과 柳如是의 한시 비교 연구, 경희대 대학원 석사
논문, 2016

김혜민 　徐禎卿의 詩論과 詩, 서울대 대학원 석사 논문, 2016

두 선 　조선후기와 명말의 사회 변화와 문학의 대응 양상 비교
연구 - ≪청구야담≫과 '삼언(三言)' 소재 재화관련 이야기
를 중심으로, 부산대 대학원 석사 논문, 2016

두환롱	生存의 시각에서 본 孔子儒家文化 研究, 성균관대 대학원 석사 논문, 2016
루시용	한국어 교육을 위한 《중한성어사전(中韓成語詞典)》 표제어와 대역어 대응분석 연구 : 사자성어를 중심으로, 대구가톨릭대 대학원 석사 논문, 2016
리 아	"수호전"의 조선어(한국어) 번역본에 대한 번역학 연구, 숭실대 대학원 석사 논문, 2016
리 징	《여사서(언해)》 이본 간의 언해 양상 비교 연구, 경상대 대학원 석사 논문, 2016
리우전	『紅樓夢』의 詩化에 대한 연구, 중앙대 대학원 석사 논문, 2016
마숙운	애정 전기 소설과 〈앵앵전〉 비교 연구, 가천대 대학원 석사 논문, 2016
박성희	중국어 교과서 『最新華語教科書』와 『中國語讀本』의 어휘 연구, 이화여대 교육대학원 석사 논문, 2016
박여진	『중국어 회화 I, II』의 어기조사 '嗎, 吧, 呢'분석 및 지도방안 연구, 이화여대 교육대학원 석사 논문, 2016
박연주	소설 『許三觀賣血記』와 영화 〈허삼관〉 서사 비교 연구, 한국외대 대학원 석사 논문, 2016
박혜정	도연명 사언시 연원 연구, 충북대 대학원 석사 논문, 2016
반연명	한·중 몽자류 소설 비교 연구 : 『구운몽』과 『홍루몽』을 중심으로, 신라대 대학원 석사 논문, 2016
백남권	선진 유가의 사회복지 사상 : 맹자를 중심으로, 한국방송통신대 대학원 석사 논문, 2016

백효동	조건 · 가정 연결 어미 '-거든'의 통시적 변화 유형에 대한 연구 : 『소학』 · 『삼강행실도』 · 『노걸대』 · 『박통사』 이본 자료를 중심으로, 단국대 대학원 석사 논문, 2016
부유훼	莫言 『붉은 수수밭』과 朴婉緖 『그 많던 싱아는 누가 다 먹었을까』 비교연구 : 소설에 나타난 전쟁시기의 모친이미지, 명지대 대학원 석사 논문, 2016
샤오스위	영화 『홍등』과 소설 『처첩성군』의 비교연구, 동양대 대학원 석사 논문, 2016
소국봉	중국 드라마 《僞裝者》의 중한 자막번역 연구, 영남대 대학원 석사 논문, 2016
손조도	송강가사와 초사(楚辭)의 대비연구, 창원대 대학원 석사 논문, 2016
신현진	펑쯔카이 동화에 나타난 아동문학 특징 연구, 서울대 대학원 석사 논문, 2016
심민규	朝鮮時代 孔子圖像 硏究, 명지대 대학원 석사 논문, 2016
안효정	古代漢語 '以'의 품사와 의미에 대한 연구 : 통사 · 의미상의 일관성을 중심으로, 서울대 대학원 석사 논문, 2106
양 화	북경후통(胡同)의 무형 문화유산 현황 분석 및 홍보방안 연구 : 스차하이(什刹海)지역을 중심으로, 건국대 대학원 석사 논문, 2016
오염연	20세기 海派영화의 여성캐릭터 분석, 건국대 대학원 석사 논문, 2016
오호연	陶淵明과 李仁老의 田園詩 比較硏究, 중앙대 대학원 석사 논문, 2016

王 樂	張承志 산문 창작 연구, 한국외대 대학원 석사 논문, 2016
왕 잉	루쉰(魯迅)과 이미륵의 고향 의식에 대한 비교 연구:『납함』과 『압록강은 흐른다』를 중심으로, 서울시립대 대학원 석사 논문, 2016
왕 한	이호철과 백선용의 단편소설에 나타난 이주담론 비교 연구, 아주대 대학원 석사 논문, 2016
王佳慧	羅偉章의 『回憶一個惡人』중한 번역 연구, 단국대 대학원 석사 논문, 2016
유 양	방문 지역에 따른 역사 테마파크 방문특징에 관한 분석 : 중국 개봉 청명상하원〈淸明上河園〉 중심으로, 배재대 대학원 석사 논문, 2016
유영도	시조에 나타난 중국인물에 대한 연구, 가천대 대학원 석사 논문, 2016
尹華錦	『금오신화』와 『요재지이』의 환상성 비교 연구, 중앙대 대학원 석사 논문, 2016
이경진	張恨水의 『金粉世家』연구 : 여성형상을 중심으로, 전북대 교육대학원 석사 논문, 2016
이기범	고구려 유민 묘지명의 조상인식 변화와 그 의미, 한성대 대학원 석사 논문, 2016
이민주	한국전쟁 시기 한국화교의 구제활동 연구 : 인천화교협회 소장자료를 중심으로, 한국방송통신대 대학원 석사 논문, 2016
이서경	근현대기 상하이 현성 내부 공간 변화에 관한 연구, 부산대 대학원 석사 논문, 2016

이수정	中唐 悼亡詩 硏究, 이화여대 대학원 석사 논문, 2016
이자강	『文心雕龍』 虛詞 硏究, 국민대 대학원 석사 논문, 2016
이정현	高等學校 漢文敎育用 基礎漢字 900字의 形聲字 分析 : 形聲字 聲符의 表意機能을 中心으로, 고려대 교육대학원 석사 논문, 2016
임은정	쑤칭(蘇靑) 소설의 일상 서사 연구, 고려대 대학원 석사 논문, 2016
자오이판	중국 근대 언론사상가 강유위와 양계초에 관한 연구, 청주대 대학원 석사 논문, 2016
장 영	윤동주와 셰빙신(謝冰心)의 작품 비교 연구, 중앙대 대학원 석사 논문, 2016
장영희	「離騷」에 나타난 屈原의 작가정신 : 그의 실존적 비극성과 저항성을 중심으로, 연세대 대학원 석사 논문, 2016
張玉潔	金克己와 謝靈運의 山水詩 比較 硏究, 중앙대 대학원 석사 논문, 2016
장유유	高麗俗謠와 宋詞의 主題意識 比較硏究, 제주대 대학원 석사 논문, 2016
장치엔	위화(余華)의 소설 『허삼관매혈기』와 한국영화 『허삼관』 비교 연구, 동양대 대학원 석사 논문, 2016
정 금	화교 중고등학생의 문화적응 스트레스, 중국어 및 한국어 능력과 학교적응과의 관련성, 서울대 대학원 석사 논문, 2016
정나영	중국어 문화 교육에 있어 독서 활용방안, 숙명여대 교육대학원 석사 논문, 2016

정승민	『장자』 우언 속의 교육철학과 중국어교육, 부산대 대학원 석사 논문, 2016
정진선	裴鉶 傳奇의 환상성 연구, 고려대 대학원 석사 논문, 2016
趙若成	3·1운동과 5·4운동의 비교연구 : 주체세력 문제를 중심으로, 한국외대 국제지역대학원 석사 논문, 2016
주 호	한·중 '뿌리 찾기' 소설에 나타난 향토주의 비교연구 : 『관촌수필』과 『홍까오량 가족』을 중심으로, 한양대 대학원 석사 논문, 2016
주립문	崔致遠과 杜牧의 漢詩 比較研究, 중앙대 대학원 석사 논문, 2016
周厚祥	韓·中 香奩詩 比較研究, 중앙대 대학원 석사 논문, 2016
陳 慧	李奎報와 白居易의 嗜酒詩 比較 研究, 중앙대 대학원 석사 논문, 2016
진맹혼	한국의 고빈도 한자어와 중국어·객가어 어휘의 형태 대조 연구, 한양대 대학원 석사 논문, 2016
진영자	남송·명대 공자 형상의 전개에 대한 연구 : 『성현도』와 『성적도』의 분석을 중심으로, 경상대 대학원 석사 논문, 2016
천예은	중국어과 디지털교과서의 설계 및 구현, 이화여대 교육대학원 석사 논문, 2016
최문희	고려대장경 사간판 『당현시범』의 문헌학적 연구, 동아대 대학원 석사 논문, 2016
최수진	'三言' 여성 형상의 특징 연구, 단국대 대학원 석사 논문, 2016
추미영	사마천 《사기 · 화식열전》분석, 전북대 교육대학원 석사

	논문, 2016
축 하	≪紅樓夢≫與≪九雲夢≫女性人物形象對比硏究 : 以≪紅樓夢≫之金陵十二釵與≪九雲夢≫之八位女主人公爲中心, 숭실대 대학원 석사 논문, 2016
평 원	윤동주와 아이칭의 시의식 비교 연구, 전남대 대학원 석사 논문, 2016
포문전첨	한국어교육을 위한 한 · 중 단편소설 비교 연구 : 현진건과 루쉰 소설의 지식인상을 중심으로, 한양대 대학원 석사 논문, 2016
풍영순	통일문학사에서 소설의 기점과 중국문학 수용에 대한 연구, 건국대 대학원 석사 논문, 2016
한정정	춘향전과 서상기의 비교연구 : 이별 장면을 중심으로, 한양대 대학원 석사 논문, 2016
한혜자	한국청년전지공작대와 한유한의 항일예술활동, 동아대 대학원 석사 논문, 2016
허 영	조조의 시가문학연구, 군산대 대학원 석사 논문, 2016
홍민아	胡適의 白話文運動 - '近代國語'로서의 의의, 경북대 대학원 석사 논문, 2016

2) 국내 박사 학위 논문

김금미	중국 문학지도콘텐츠 개발 연구, 한국외대 대학원 박사 논문, 2016
김민영	어린이 중국어교육 연구, 부산외대 대학원 박사 논문,

2016

신다영   중한 문학 번역의 다시쓰기에 대한 연구 : 사례 분석을 중심으로, 이화여대 통역번역대학원 박사 논문, 2016

안용선   공자 예술철학과 회화정신에 관한 연구, 강원대 대학원 박사 논문, 2016

왕 민   조선 전기 한자음의 자음 표기 연구 : ≪동국정운≫과 ≪홍무정운역훈≫의 비교를 중심으로, 경북대 대학원 박사 논문, 2016

왕천균   무협소설의 콘텐츠 활용 연구 : 김용 무협소설 중심으로, 건국대 대학원 박사 논문, 2016

우영숙   청대 소주(蘇州) 민간연화(民間年畵) 연구 : 건륭연간의 판화작품을 중심으로, 명지대 대학원 박사 논문, 2016

위반반   한·중 대학 대외자국어교육학과 교육과정 비교 연구, 대진대 대학원 박사 논문, 2016

이 양   한·중 기녀시문학의 비교연구 : 조선조와 명·청시기의 기녀시문학을 중심으로, 대구대 대학원 박사 논문, 2016

이주희   시품의 풍격과 한국 은사문화의 건축, 가천대 대학원 박사 논문, 2016

장 극   商周 靑銅器 銘文書藝硏究, 원광대 대학원 박사 논문, 2016

정지현   兩漢書의 神異 敍事 硏究, 서울대 대학원 박사 논문, 2016

제 민   韓·中 女性 漢詩文學 硏究, 강남대 대학원 박사 논문, 2016

조양원	燕行錄 飜譯 樣相 硏究, 한국학중앙연구원 한국학대학원 박사 논문, 2016
한　동	조선후기 詩壇의 袁枚 詩論 수용 양상, 한양대 대학원 박사 논문, 2016
韓治路	한중 만주 체험 소설 비교 연구 : 안수길과 양산정의 작품을 중심으로, 가천대 대학원 박사 논문, 2017
허　방	철종시대 연행록(燕行錄) 연구, 서울대 대학원 박사 논문, 2016

중국학@센터 연감팀

기획
조관희(trotzdem@sinology.org) 상명대 중국어문학과 교수

중국학@센터 제9기 연감팀
조성환(62chosh@hanmail.net) 전 백석대 어문학부 강사

2017년 중국어문학 연감

초판 인쇄 2021년 12월 13일
초판 발행 2021년 12월 20일

엮은이 | 중국학@센터 연감팀
펴낸이 | 하운근
펴낸곳 | 學古房

주   소 | 경기도 고양시 덕양구 통일로 140 삼송테크노밸리 A동 B224
전   화 | (02)353-9907 편집부(02)356-9903
팩   스 | (02)386-8308
홈페이지 | http://hakgobang.co.kr/
전자우편 | hakgobang@naver.com, hakgobang@chol.com
등록번호 | 제311-1994-000001호

ISBN 979-11-6586-431-6   93010

값 : 18,000원